P.F. Moreau
Marx und Spinoza

Pierre-François Moreau, Jahrgang 1948, ist Assistenzprofessor an der Universität Reims. Er veröffentlichte
u.a. über die Utopisten des 15. Jahrhunderts und den
Begriff des Rechtsstaates. Moreau ist Mitherausgeber
der „Cahiers Spinoza".

Pierre-François Moreau, Jahrgang 1948, ist Assistenzprofessor an der Universität Reims. Er veröffentlichte u.a. über die Utopisten des 18. Jahrhunderts und den Begriff des Rechtssubjekts. Moreau ist Mitherausgeber der „Cahiers Spinoza".

Pierre-François Moreau
Marx und Spinoza

Positionen 4

Originaltitel: Spinoza
Aus dem Französischen von Rolf Löper

CIP-Kurztitelaufnahme der Deutschen Bibliothek

Moreau, Pierre-François
Marx und Spinoza: Versuch e. materialist. Lektüre.
– 1. Aufl. – Hamburg: VSA, 1978.
  (Reihe Positionen, Bd.4)
  Einheitssacht.: Spinoza < dt. >
  ISBN 3-87975-149-8

© der deutschsprachigen Ausgabe VSA-Verlag,
Hamburg 1978.
© Editions du Seuil, Paris 1975.
Alle Rechte vorbehalten.
Satz: satz-studio irma grininger, Berlin
Druck und Buchbindearbeiten: Evert-Druck, Neumünster
ISBN 3-87975-149-8

Inhalt

Vorbemerkung

Warum Spinoza?

Die Entscheidung, innerhalb der Reihe POSITIONEN einen Text über *Benedictus de Spinoza* (1632–1677) herauszugeben, ist nicht durch akademisches Interesse begründet. Und wir gehören auch nicht zu jenen, die meinen, daß Spinoza einfach nur ein „humanistischer" und „rationalistischer" Denker sei, dessen „Wahrheitsgehalt in der marxistischen Philosophie bewahrt und entwickelt", dessen „reiches Erbe" also angetreten werden müßte. Das „Vermögen" der marxistischen Philosophie vergrößert sich *nicht* durch die Anhäufung von „Nachlässen" – ganz im Gegenteil. Wenn wir uns *für* Spinoza einsetzen und interessieren, so geschieht dies aus theoretischen und politischen Gründen, die die Situation der Marxisten-Leninisten in der BRD unmittelbar betreffen.

Dies mag umso mehr überraschen, als Spinoza hierzulande sogar in philosophischen Fachkreisen vergleichsweise wenig gelesen, gelehrt und diskutiert wird. Symptomatisch ist, daß es bis vor kurzem keine zugängliche Ausgabe seiner Schriften und Briefe gab. Und diese weitgehende Unkenntnis Spinozas gilt erst recht inner-

Brief von Spinoza an W. van Bloyanberg

halb der Arbeiterbewegung und innerhalb der Linken: In ihrer Schulungs- und Forschungsarbeit werden zwar Hegel und Feuerbach sowie auch einige andere „Vorläufer" des Marxismus berücksichtigt, jedoch eben nie jener holländischer Philosoph, dessen Werk wie kein anderes dazu geeignet ist, die Grundlagen des *deutschen Idealismus* in Frage zu stellen.

In *theoretischer* Hinsicht enthält die Philosophie Spinozas die ersten, entscheidenden Ansätze einer materalistischen Kritik der Religion und des Staates, vor allem aber eine radikale Abrechnung mit jeder *Ideologie eines universalen und „freien" Subjekts,* wie sie bis heute das bürgerliche Denken (in Form seiner Erkenntnis-, Rechts- und Geschichtsphilosophien) dominiert. Insofern steht Spinoza in direktem Zusammenhang zu *Marx* und *Freud*, die beide — jeder auf seine Weise — mit der bürgerlichen Ideologie des „Bewußtseins" gebrochen haben.

In *politischer* Hinsicht ist Spinoza von kaum geringerer Aktualität — auch wenn er selbst im Kontext der frühbürgerlichen Revolutionen und der Naturrechtslehren des 17. Jahrhunderts lebte. Denn er ist einer der ersten *materialistischen* Theoretiker der politischen *Freiheit*, die er weder bloß moralisch, noch als Funktion eines normativ definierten gesellschaftlichen „Fortschritts", sondern als den Einsatz eines *Kräfteverhältnisses* begreift. Die Macht der staatlichen Zwangsapparate und der Ideologie steht für Spinoza in umgekehrtem Verhältnis zur wirklichen Freiheit des Volkes. Als „Theoretiker der Toleranz" ist er deshalb heute in der BRD, unter den Bedingungen einer allgegenwärtigen *Staatsideologie*, die im Namen der „Freiheit" und des „Rechts" bereits die bloße Möglichkeit eigenständigen Denkens zu reglementieren, zu zensurieren und letzten Endes zu liquidieren versucht, eines der besten und wichtigsten Beispiele dafür, daß staatliche, juristische und ideologische *Gewalt* angesichts eines konsequenten

„häretischen" Denkens und Handelns zwangsläufig scheitern müssen.

Spinoza ist also nicht einfach unser *Zeuge* (denn vor welchem Gericht ließe sich Freiheit einklagen?), sondern unser *Zeitgenosse*. Um nicht zu sagen: unser *Genosse*.

Das *vorliegende Buch* wurde 1975 in Frankreich veröffentlicht. Es ist der Versuch einer kurzen systematischen *Einführung* in das philosophische Werk Spinozas: in seine Fragestellungen und seine Begriffe. Zugleich aber konfrontiert es die spinozistischen Thesen mit den Positionen des Dialektischen und Historischen Materialismus: dabei werden Unterschiede, vor allem aber Gemeinsamkeiten deutlich, die die Aktualität Spinozas — 300 Jahre nach seinem Tod — eindrucksvoll unterstreichen.

Positionen

*„Niemand kann begehren, glück-
lich zu sein, gut zu handeln und
gut zu leben, der nicht zugleich
begehrt zu sein, zu handeln und
zu leben, das heißt wirklich zu
existieren."*

Chronologie

1632 Geburt Spinozas in Amsterdam.
Zu jener Zeit überflügeln die alten spanischen
Besitzungen der Vereinigten Provinzen, die unter
sehr großen Schwierigkeiten ihre Unabhängigkeit erkämpft haben, Spanien. Die Handelsbourgeoisie erlebt einen ungeheuren Aufschwung.
1602 wurde die Ostindische , 1621 die West-
indische Kompanie gegründet. Die größte
Bank Europas steht in Amsterdam. In Lei-
den, Haarlem und Utrecht entwickelt sich
die Textilindustrie, in Delft wird eine Por-
zellanmanufaktur eröffnet. In Amsterdam
schließlich werden Diamanten geschliffen und
Kolonialprodukte verarbeitet. Denn die Hol-
länder haben sich in Nordamerika – wo sie
Neu-Amsterdam, das spätere New York, gründen –, auf den Antillen und an den Grenzen
Brasiliens, in Surinam bzw. Holländisch-Guayāna
niedergelassen (als Spinoza in einem Brief an
Pieter Balling schreibt, daß er von einem Wilden
geträumt habe, nennt er einen Brasilianer.
Sie haben Handelskontore in Guinea, am
Kap der guten Hoffnung, auf Ceylon, in Japan;

sie nehmen die Sundainseln in Besitz. Der ökonomische Wohlstand stärkt und sichert die politische Unabhängigkeit.

Der Staat stellt sich als eine Föderation von „Provinzen" dar, die wiederum sehr dezentralisiert sind. Jede Provinz wird von einer Versammlung regiert (den Ständen), deren Beratungen ein Pensionär vorsteht. Der Statthalter ist eine Art Zivil- und Militärgouverneur. Auf der zentralen Ebene findet man die gleiche Struktur wieder: Die Generalstände, die sich aus Repräsentanten der sieben Provinzen zusammensetzen, tagen in Den Haag; den Vorsitz führt ein Ratspensionär. Die Familie von Oranien-Nassau, die von dem Führer des Unabhängigkeitskampfes abstammt, stellt fast traditionell den Generalstatthalter.

Zwei große Widersprüche prägen diese Epoche. Einerseits ist die Gleichheit der Provinzen rein theoretisch: Holland, die größte und bevölkerungsreichste Provinz, ist auch ökonomisch am mächtigsten: Ihr gehört nahezu die gesamte Flotte. Außerdem übertrifft ihre Macht im Staat bei weitem die aller anderen Provinzen: Der Ratspensionär ist der Pensionär der Provinz Hollands. Andererseits wird die Handelsbourgeoisie, die sich dank des Friedens bereichert, durch die „Republikaner" repräsentiert, auf die sich die Ratspensionäre stützen, deren wichtigster Johan de Witt sein wird; Armee und Adel, deren Bedeutung seit dem Ende des Unabhängigkeitskampfes abgenommen hat, erheben sich gegen die Handelsbourgeoisie: es ist die Partei der „Oranier", die dem Statthalter wieder unbeschränkte Macht zu geben sucht. Das ganze 17. Jahrhundert wird durch diesen Kampf gekennzeichnet; seine Höhepunkte werden die Abschaffung der Statthalterschaft durch die Generalstände im Jahr 1650 sein — ein zeitweiliger Sieg der Republikaner; und dann, 20 Jahre später, dank der französischen Invasion, die Rückeroberung der Macht durch das Haus Oranien und die Ermordung Johan de Witts.

Trotz dieser Widersprüche, oder vielleicht dank dieser Widersprüche, nehmen die Vereinigten Niederlande im damaligen Europa eine ungewöhnliche Stellung ein: Trotz politischer und religiöser Kämpfe herrscht ein anderswo unbekanntes Klima der Toleranz. Die Sekten entwickeln sich rasch, ohne allzusehr behelligt zu werden. Gelehrte und Philosophen, die in ihren Heimatländern Verfolgungen zu befürchten hätten, kommen hierhin, um zu arbeiten. Ohne jede Zensur verlegen Buchdrucker all das, was sie in anderen Ländern Europas nicht publizieren könnten. Noch im 18. Jahrhundert werden in Frankreich Bücher und Zeitungen eingeführt, die aus Holland stammen.

Es ist auch die Epoche der großen holländischen Malerei: Rembrandt, Ruysdael, Vermeer. Dem Blick bietet sich eine gewisse Spontaneität der Dinge — vielleicht das Spiel einer Konzeption des Raums, der weniger ruhend ist als der, den die klassische Physik beschreibt.

1639 – 1650	Spinoza besucht die Unterrichtsstunden einer jüdischen Schule. Er lernt dort Hebräisch und kommentiert den Talmud.
1640	Tod des Uriel da Costa, der, weil er sich einer Naturreligion zugewandt hatte, zweimal von der jüdischen Gemeinde verurteilt wurde (1623 und 1633).

1642   Tod Galileis. Er wurde vom Inquisitionsgericht angeklagt und zum Widerruf gezwungen. Nachdem er zuerst in Rom gefangengehalten worden war, mußte er seine letzten zehn Lebensjahre auf einem Landsitz in der Toscana verbringen, wo er unter der Überwachung des Inquisitionsgerichts blieb. An einen seiner Freunde schrieb er: „Die Gefängnisstrafe wurde für mich in lebenslängliche Verweisung auf dieses kleine, eine Meile von Florenz entfernte Gut umgewandelt, mit dem strikten Verbot, in die Stadt zu gehen, mich auf Gespräche oder Treffen mit mehreren Freunden einzulassen oder jemanden einzuladen". Anscheinend bewog diese Verurteilung Descartes dazu, seinen „Traité du monde" nicht zu veröffentlichen; Umstände auch, die vielleicht bestimmte Haltungen Spinozas verstehen helfen.

1642   Hobbes veröffentlicht „De Cive"; 1650 veröffentlicht er den „Leviathan".

1645   Tod von Hugo Grotius, dem Autor des „Mare liberum", in dem er die These von der Freiheit der Meere vertritt, und des „De Jure Belli ac Pacis", in dem er die Prinzipien des Naturrechts systematisiert: Er befreit das Recht endgültig von der göttlichen Macht (alle seine Regeln wären wahr, selbst wenn es Gott nicht gäbe) und bezieht es vor allem auf einen subjektiven Ursprung — wie vor ihm spanische Juristen.

1648   Der Westfälische Friede, in dem die Unabhängigkeit der Vereinigten Provinzen offiziell anerkannt wird.

1649   Descartes verläßt Holland (wo er die meisten seiner wichtigsten Werke abgefaßt hat) und geht nach Stockholm, wo er ein Jahr später sterben wird.

1650   Gewaltsamer Konflikt zwischen Republikanern und Oraniern. Wilhelm II. von Oranien läßt mehrere Mitglieder der Stände verhaften und versucht, Amsterdam zu besetzen. Er scheitert und stirbt kurz darauf. Sein Amt wird abgeschafft, die Handelsbourgeoisie übernimmt erneut die Macht.

1652   Spinoza erhält Unterrichtsstunden bei Van den Enden, einem ehemaligen Jesuiten, der eine Lateinschule führt. Van den Enden ist ein Freidenker, und Spinozas Biograph Colerus erzählt, daß er später nach Frankreich ging und dort hingerichtet wurde — entweder weil er einen Anschlag auf das Leben des Kronprinzen unternommen oder aber weil er versucht haben soll, die Provinzen aufzuwiegeln und einen Bürgerkrieg im Innern anzustiften, um die Aufmerksamkeit Ludwig des XIV. von Holland abzulenken.

1653   Johan de Witt wird Ratspensionär.

1656   Bruch Spinozas mit der jüdischen Gemeinde. Zunächst denken die Rabbiner weniger an einen Ausschluß als daran, den Skandal eines Abfalls zu verhindern. Sie bieten ihm sogar eine Rente von 1000 Gulden, sagt uns sein Biograph Colerus, „damit er nur bei ihnen bleibe und gewohnheitsmäßig in den Tempel gehen solle". Er lehnt ab. Ein Fanatiker versucht, ihn zu töten. Spinoza entscheidet sich, Amsterdam zu verlassen, sowohl aus Sicherheitsgründen, als auch um die für seine Arbeit notwendige Ruhe zu finden. Am 27. Juli wird er exkommuniziert.

1660 Spinoza zieht nach Rijnsburg, einem Vorort Leidens.

1661 Er verfaßt die *„Abhandlung über die Verbesserung des Verstandes"*.

1663 *„Die Prinzipien der Philosophie des Descartes"*. Spinoza zieht nach Voorburg.

1669 Huygens veröffentlicht „De motu et vi centrifuga".

1670 Spinoza zieht nach Den Haag. Anonym veröffentlicht er den *„Theologisch-politischen Traktat"*.

1672 Französische Invasion. Revolution gegen die republikanische Partei. Wilhelm III. von Oranien* ergreift die Macht. Am 20. August werden Johan de Witt und sein Bruder auf offener Straße ermordet. Spinoza verfaßt einen Aufruf *(„Ultimi Barbarorum"),* den er an die Mauern der Stadt gehängt hätte, wäre er von seinem Hauswirt nicht zurückgehalten worden.

1673 Brief von Fabritius, Professor an der Universität Heidelberg, der Spinoza im Namen des pfälzischen Kurfürsten einen Lehrstuhl für Philosophie unter der Bedingung anbietet, daß er seine Freiheit nicht „zur Störung der öffentlich geltenden Religion mißbrauchen" wird. Die Antwort Spinozas: *„Allein ich war nie willens, öffentlich als Lehrer aufzutreten, (. . .) ferner weiss ich nicht, in welchen Schranken diese Freiheit, zu philosophieren, sich halten soll, ohne die öffentlich angenommene Religion zu stören. Spaltungen*

---

* 1688 wird er König von England: aufgrund einer Revolution, deren Theorie Locke schreiben wird.

entstehen hier nicht sowohl aus übertriebenem Religionseifer, als aus den mancherlei menschlichen Leidenschaften und dem Geist des Widerspruchs, mit dem man alles, auch wenn es richtig ausgedrückt ist, zu entstellen und zu verdammen pflegt." Spinoza erhält einen Geleitbrief des Marschalls Condé, um in das Lager der Franzosen nach Utrecht zu gelangen. In Abwesenheit Condés wird er durch den Herzog von Luxembourg empfangen.

1675   Spinoza versucht, die *,,Ethik"* drucken zu lassen. Weil man Gerüchte gegen ihn in Umlauf bringt, verzichtet er darauf endgültig.

1676   Besuch von Leibniz (der ihm bereits fünf Jahre zuvor geschrieben hatte).

1667–
1677   Er verfaßt die *,,Abhandlung vom Staate"*, die unvollendet bleiben wird.

1677   Er stirbt 44-jährig am 21. Februar. Ende des gleichen Jahres erscheinen die *,,Opera posthuma"*.

B. D. S.

OPERA

POSTHUMA,

*Quorum series post Præfationem
exhibetur.*

cIↃIↃcLXXVII.

Originalausgabe der „Opera posthuma"

1. Spinoza, der Ausgeschlossene

Beginnen wir ausnahmsweise mit einem biographischen Aspekt, denn er reicht weiter als die bloße Biographie: es geht um eine lange und unerträgliche Zeremonie – die Exkommunikation. „. . . Der Herr vergebe ihm seine Sünden nicht, sondern der Zorn und Eifer des Herrn möge rauchen über diesem Mann und auf ihm mögen ruhen alle Flüche, die in diesem Gesetzbuch geschrieben sind, und der Herr tilge seinen Namen aus unter dem Himmel und scheide ihn ab zum Bösen von all den Stämmen Israels nach allen Flüchen des Bundes, die in diesem Gesetzbuch aufgezeichnet sind"[1]. Am 27. Juli 1956 wird der wegen Häresie angeklagte Spinoza aus der jüdischen Gemeinde Amsterdams ausgeschlossen. Denn er ist Jude – portugiesischer Herkunft. Im relativ toleranten Holland des 17. Jahrhunderts lebt eine jüdische Gemeinde, zu der Verbannte aus Portugal, Spanien und auch aus Polen gehören. Angesiedelt, ohne völlig assimiliert zu sein, lebt sie zurückgezogen – in ihrer Religion, ihren Gesetzen und ihren Sanktionen. Aus dieser ausgestoßenen Gesellschaft wird Spinoza ausgestoßen. Exil, Rückzug, Exkommunikation: Dreimal beginnt sein Leben als Philosoph unter dem Vorzeichen des Ausschlusses.

Ein Aspekt, der die bloße Biographie überschreitet, weil diese Ausschlußgeste ein oder zwei Jahrhunderte wiederholt werden wird. Spinoza wird derjenige sein, über den man spricht, den man kritisiert, ohne ihn gelesen zu haben, dessen Name allein schaudern läßt . . . der Teufel vielleicht. Man verwirft nun nicht mehr seine Person, sondern seine Ideen. Natürlich: Daß ein Denken in Frage gestellt oder zurückgewiesen wird, ist kaum verwunderlich, besonders in jenem klassischen Zeitalter, in dem Polemiken an der Tagesordnung sind. Überraschend ist jedoch der Tonfall dieser Zurückweisung – besser: dieser Verneinung. Wenn Spinozas Werk anziehend wirkt, so weil es in seinem gefährlichen Schillern einen Abgrund eröffnet; darüber zu sprechen, auch wenn man ihm widerspricht, besitzt den Geruch der Sünde. Für Hegel wird diese Philosophie geradezu ein Gottesdienst sein, bis dahin aber hat sie den Anschein einer schwarzen Messe. In Spinoza erkennt man keinen Ebenbürtigen, mit dem man Divergenzen austragen kann, sondern einen Gottlosen, den man abweisen muß, kurz: den Namenlosen. Sehr viel später wird jemand erklären, daß Professoren und Historiker der Philosophie andere Philosophen zunächst als Kollegen und erst dann als Gegner betrachten. Spinoza ist derjenige, den niemand als einen Kollegen betrachtet. Für ihn gibt es kein Pardon, und anscheinend fürchtet man, zum Komplizen zu werden, wenn die Diskussion nicht zugleich von offensichtlicher Verachtung begleitet wird.

Dies beginnt schon sehr früh, noch zu seinen Lebzeiten. Genauer gesagt mit einem seiner eigenen Schüler: Albert Burgh, der sich in Rom aufhielt und dort zum Katholizismus konvertierte. Sein Brief an Spinoza ist zugleich aufschlußreich und amüsant: „Denn Ihre ganze Philosophie, was ist sie andres als bloße Einbildung und Chimäre? Und doch vertrauen Sie ihr nicht nur Ihre Gemütsruhe in diesem Leben, sondern auch das ewige Heil Ihrer Seele an. Sehen Sie, auf welch elender Grundlage alles bei Ihnen beruht! (...) Da also Ihr Princip grundfalsch ist und zum Verderben führt, wo wird da Ihre ganze Lehre bleiben, die sich auf diese falsche Grundlage stützt und auf ihr erbaut ist. Wenn Sie an den gekreuzigten Christus glauben, so erkennen Sie doch Ihre grundschlechte Ketzerei, bekehren Sie sich von der Verderblichkeit Ihrer Natur und versöhnen Sie sich mit der Kirche. (...) Es darf Sie auch nicht verblenden, daß vielleicht die Calvinisten (...) Ihre Lehre nicht widerlegen können: denn alle diese Menschen sind

Hendrik van der Spijck: Porträt von Spinoza (1671)

ja, wie gesagt, gerade so unglücklich wie Sie und sitzen mit Ihnen im Schatten des Todes. Wenn Sie aber nicht an Christus glauben, dann sind Sie unsäglich elend. Dennoch ist das Heilmittel leicht. Bekehren Sie sich von Ihren Sünden, indem Sie die verderbliche Anmaßung Ihres elenden und wahnwitzigen Raisonnements einsehen. Sie glauben nicht an Christus, und weshalb? (...) Aber wiederum sage ich: wagen Sie es, sich mehr zu dünken (...) als der Herr Jesus Christus selbst? Übertreffen Sie allein jene in der Lehre, in der Lebensführung, kurz in allen Stücken? Wollen Sie, ein elendes Menschlein, ein armseliger Erdenwurm, ja Asche, Würmerspeise, sich der fleischgewordenen unendlichen Weisheit des ewigen Vaters selbst voranstellen? Wollen Sie allein sich für klüger und größer halten als alle, die je von Beginn der Welt an in Gottes Kirche gewesen sind und an den kommenden oder schon gekommenen Christus geglaubt haben oder noch glauben? Auf welchen Grund stützt sich diese Ihre vermessene, wahnwitzige, beklagenswerte und fluchwürdige Anmaßung? (...) Erklären Sie sich überwunden und bekehren Sie sich von Ihren Irrtümern und Sünden. Legen Sie Demut an und werden Sie ein neuer Mensch. (...) Bedenken Sie selbst, (...) wie töricht Sie erscheinen, wenn Sie stolz und aufgeblasen werden über die Vortrefflichkeit Ihres Geistes und die Bewunderung Ihrer eitlen, ja gänzlich falschen und gottlosen Lehre; wie hässlich Sie sich und elender als die wilden Tiere machen, indem Sie sich den freien Willen nehmen".2

In diesem außerordentlichen Text ist bereits alles enthalten: die Beleidigung, das Fehlen von Argumenten (und es wäre interessant, die Ausnahmen zu analysieren) und die der verworfenen Rede zugestandene einzig mögliche Antwort: sich in der Bekehrung aufzuheben. Es handelt sich nicht um eine Frage von Nuancen: Die einzig mögliche Lösung ist die öffentliche Abbitte. Bemerken wir schließlich — und wir werden darauf noch zu-

Samuel van Hoogstraten (1627–1678): Portrait von Spinoza

Nach einem Selbstportrait?
„Masaniello" von P. de Jode

BENEDICTUS DE SPINOZA.
IUDEUS ET ATHEISTA.

B. v. S.

Anonyme Gravur: die doppelte Exkommunikation . . .

rückkommen — die dem freien Willen eingeräumte Stellung. Mit ihm wird die zentrale Behauptung begründet, durch die der Angriff — jenseits eines allzu leicht zurückzuweisenden christlichen Fanatismus — seine eigentliche Perspektive erhält: die radikale Differenz zwischen dem Menschlichen und seinem Gegenteil.

Es wird noch eine lange Reihe von Angriffen und Entstellungen folgen. In seinem „Dictionnaire" gibt Bayle die Lehre Spinozas entstellend wieder. Und als Dourtous de Mairan, besorgt, weil er die Theoreme der Ethik nicht zu widerlegen weiß („einerseits kann ich die Konsequenzen, die aus diesen Prinzipien folgen, nicht ohne Mitleid für die Menschen und ohne Trauer betrachten; andererseits kann ich seinen Beweisführungen nicht widerstehen"), Malebranche bittet, „ihm den ersten Schritt zu zeigen, der Spinoza in den Abgrund führt, wenn es wahr ist, daß er dort hineingestürzt ist, was ich glauben möchte", — antwortet dieser im Tonfall der Moral und nicht in dem der Mathematik: seine erste Geste — noch bevor er Prinzipien zurückweist — besteht darin, sich zu entrüsten, daß ein solcher Diskurs überhaupt gehalten worden ist. „Ich habe früher einen Teil gelesen, aber ich war davon bald angewidert. (. . .) Was den Autor betrifft, so genügt es zu erkennen, daß er aus seinen Prinzipien eine Unzahl von Widersprüchen und gottlosen Gefühlen folgert, um seinen angeblichen Beweisführungen zu mißtrauen, selbst wenn sie uns einleuchten würden. Möglicherweise hat man ihn schlecht widerlegt, aber daraus folgt nicht, daß er Recht hat. Ich habe keine Widerlegungen seiner Fehler gelesen, weil ich sie nicht brauchte..."[3] Das ist nicht weit von Mendelssohn entfernt, der von Spinoza als einem „toten Hund" sprach.

„Selbst wenn sie uns einleuchten würden": was interessiert die strenge Beweisführung des Systems, wenn man sich von Anfang an außerhalb des Systems stellt? Von Albert Burgh bis Malebranche, von der Aufforderung zur Konversion bis zur Ignorierung des Beweises, ist die Geste die gleiche geblieben: Wechseln Sie zunächst das Terrain, und erst dann verdienen Sie, daß man Ihnen zuhört. Was sich trotz allem in diesem hartnäckigen Diskurs im Grunde abzeichnet, ist, daß es keinen universalen Ort der Rede gibt: es gibt mehrere Regionen, und von der einen zur anderen ist keine Verständigung möglich ... Um einer strengen Beweisführung aufmerksam zuhören zu können, darf diese nicht durch einen übergeordneten Anspruch vorher annuliert worden sein. Kann man in der Praxis der Invektive eine Begründung herauslesen, so kann sie nicht von denjenigen formuliert werden, die diese Praxis betreiben – denn sie selbst glauben an eine Universalität des Logos, auch auf die Gefahr hin, den Ausschluß um so gewaltsamer zu praktizieren.

Noch subtiler ist vielleicht eine andere Form des Unverständnisses, wie es die Materialisten des 18. Jahrhunderts an den Tag legen, wenn sie sich auf Spinoza berufen, ihn jedoch so interpretieren, daß sein Denken deformiert wird. Aus ihm, dessen Hauptwerk in seinem ersten Buch den Titel „De Deo" trägt, wird man einen Atheisten machen. Das ist zwar nicht falsch, wenn Gott von Anfang an mit dem Gott der katholischen Theologie gleichgesetzt wird, einer freien Person, die die Welt geschaffen hat, die urteilt, belohnt und straft; in bezug auf diesen Gott ist Spinoza Atheist: Nirgends versucht er zu verschleiern, daß er ihn ablehnt –, um ihn jedoch durch etwas ganz anderes als die ruhende Materie des Cartesianismus zu ersetzen. Der Gott Spinozas ist ein Lebensprinzip, und man hat ihn ein wenig zu schnell auf eine List oder einen terminologischen Kunstgriff reduziert.

Wir haben gesagt, daß er den als eine freie Person begriffenen christlichen Gott verwirft. Die Ausschlußgeste, deren Opfer Spinoza ist, verläuft also nicht nur in eine Richtung: Jeder erkennt sein Anderes, und man sollte sich jetzt vielleicht fragen, ob der Haß und der Ekel, den sein Jahrhundert Spinoza entgegenbringt, nicht schlichte Konsequenzen eines zu absoluten Abstands und einer Rückzugsgeste sind: Vielleicht ist Spinoza selbst die Ursache der Verwerfung. Der Ausschluß erfolgt hier nur durch eine Haltung des Selbstausschlusses: In gewisser Hinsicht ist es Spinoza selbst, der sich von seinem Jahrhundert abwendet. Trotz der schrecklichen Formulierung der Exkommunikation wollte die jüdische Gemeinde nicht vollständig mit ihm brechen und ließ ihm einen Ausweg. Spinoza zog es vor, den Bruch zu einem radikalen Bruch werden zu lassen — und so geschah es: einige Monate später (aber eben erst später) versuchte ein Fanatiker, ihn zu ermorden. Ist die daraufhin getroffene Entscheidung, Amsterdam zu verlassen, um von nun an ein zurückgezogenes Leben zu führen, eine Konsequenz des Attentats oder vielmehr ein besserer Weg, um einen ,,wesentlichen Rückzug" zu vollziehen? Spinoza selbst veröffentlicht keines seiner Werke zu seinen Lebzeiten — außer einem, und das unter einem Pseudonym. Außerdem wird er sich weigern, in eine Polemik darüber einzutreten: ,,*Das Buch, das der Utrechter Professor gegen mich geschrieben hat und das nach seinem Tode herausgekommen ist, habe ich am Fenster eines Buchhändlers aushängen sehen und an dem wenigen, das ich damals darin las, erkannte ich, daß es des Lesens, geschweige denn der Beantwortung nicht wert ist. Ich ließ darum das Buch liegen und überließ den Verfasser sich selber.*" Und ein klares und schneidendes Urteil folgt, möglicherweise noch verächtlicher als das von Malebranche —, aber hier sind es sicher nicht Glaube und Gottlosigkeit, die die Grenze markieren, es ist die ihrer selbst gewisse Weisheit, die die Unwissenheit verurteilt. ,,*Lächelnd mußte ich denken, wie doch gerade die Unwissendsten durchgehends die kühnsten sind und zum Schreiben am ehesten bereit. Und so schien mir, als ob die . . . ihre Waren so wie die Trödler zum Verkauf stellten, die ja auch das Schlechte immer zuerst vorzeigen. Der Teufel, sagt man, ist schlau; mir scheint aber, daß der Geist dieser Leute ihn an Schlauheit noch weit übertrifft.* "[4] Sein Werk ist nicht für die Denker seiner Zeit bestimmt: die *„Ethik"* zirkuliert nur in einem sehr engen und sorgfältig ausgewählten Freundeskreis. Eine Briefstelle läßt deutlich den Aufwand an Vorsichtsmaßnahmen, die diesen Text betreffen, erkennen: einer seiner engsten Schüler, Tschirnhaus, der in Frankreich und England umherreist, begegnet Leibniz, der ihm, „was die Moral betrifft, vollkommen ausgebildet" erscheint und ebenfalls „in der Physik und zumal in den metaphysischen Studien über Gott und die Seele": könnte man ihm nicht unter diesen Bedingungen − und zumal er „von den gewöhnlichen Vorurteilen der Theologie frei" ist, erlauben, Zugang zum Allerheiligsten zu erlangen? Ein gemeinsamer Freund übermittelt die Anfrage: „So kommt er (Tschirnhaus) zu dem Schluß, er sei durchaus würdig (!), daß ihm Ihre Schriften, nach ihrer Einwilligung, mitgeteilt würden, da er glaubt, daß dem Autor daraus großer Nutzen erwachse, wie er ausführlich darzulegen verspricht, wenn es Ihnen gefällt. Andernfalls dürfen Sie keine Besorgnis haben, daß er sie nicht seinem Versprechen gemäß gewissenhaft geheimhalten wird, wie er auch nicht das geringste davon erwähnt hat. Eben dieser Leibniz schätzt den *„Theologisch-Politischen Traktat"* hoch und hat Ihnen über diesen Gegenstand, wenn Sie sich erinnern, einmal einen Brief geschrieben."[5] Man erkennt nun bereits den Stil des Herantastens: der mögliche Leser ist zuerst beobachtet worden, ohne daß ihm überhaupt von dem Buch erzählt wurde. Und erst nach der Zustimmung des Autors darf man ihm die Existenz des Buches verraten. Und wenn er zuverlässig scheint − wird er dann der Richtige sein? Vier Tage später trifft Spinozas Antwort ein: *„Leibniz, von dem er schreibt, ist mir, wie ich glaube, durch Briefe bekannt; doch aus welchem Grunde er, der Ratsherr in Frankfurt war, nach Frankreich gereist ist, weiß*

*ich nicht. Soweit ich nach seinen Briefen urteilen konnte,
erschien er mir als ein Mann von freiem Geiste und in
jeder Wissenschaft erfahren. Dennoch halte ich es nicht
für geraten, ihm so rasch meine Schriften anzuvertrauen.
Ich möchte erst wissen, was er in Frankreich vorhat, und
auch erst das Urteil unseres Tschirnhaus hören, nachdem
er länger mit ihm verkehrt hat und seinen Charakter genauer kennen gelernt.''*[6] Es genügte also nicht: Die Nach-
forschungen müssen weitergeführt, persönliches Verhalten, Charakter, Kenntnisse und Unvoreingenommenheit
müssen sorgfältig geprüft werden, damit man das Recht
erhält, nicht einmal Spinozist zu werden, sondern
überhaupt nur die *,,Ethik''* lesen zu dürfen.

Warum diese Vorsichtsmaßnahmen? Man könnte versuchen, sie einem besonderen Temperament zuzuschrei-
ben. Vergleicht man sie jedoch mit der allgemeinen
Stimmung jener Zeit, muß man zugeben, daß es so etwas
wie eine Übereinstimmung zwischen Spinoza und seinen
Zeitgenossen gibt, ihren Widerspruch als einen radikalen
Widerspruch zu betrachten; er ist zumindest nicht mit
den anderen Widersprüchen zu vergleichen, die eben
diese Zeitgenossen untereinander trennen. Anscheinend
geht dieses Werk von selbst auf Distanz, vielleicht um
sie besser zu ermessen. Auch wenn man hier die Psychologie eingreifen lassen kann, so scheint diese doch nur
eine Konsequenz eines theoretischen Abstands zu sein:
was die Individuen empfinden, ist die Inkompatibilität
der beiden theoretischen Räume. Zweifellos ist es diese
schonungslos gezogene Grenze, deren Spuren in ihren
Handlungen und Diskursen zu sehen sind. Beleidigung,
Verwerfung und Rückzug sind Zeichen der Differenz
und ihrer Anerkennung.

Unter der harmonischen Entwicklung der Lehrsätze
muß man also den zutiefst polemischen Charakter des
spinozistischen Textes sehen. Nicht insoweit er namentlich dieses oder jenes Individuum kritisiert; noch nicht
einmal in jenen Passagen, die dazu dienen sollen, sich

gegen einen möglichen Angriff zu verteidigen, sondern vielmehr im Inneren seiner Problematik selbst: Dort sind diejenigen Prinzipien eingeschrieben, die von vornherein eine Demarkationslinie ziehen und anstelle eines Dialoges die Verwerfung nach sich ziehen. Spinoza ist nichts als der Gewissensbiss und der Fluch eines bestimmten theoretischen Raumes. Will man ihn kennenlernen, muß man also von diesem konstitutiven Abstand ausgehen. Nicht um Randzonen abzustecken, sondern um das eigentliche Zentrum des Systems zu erfassen: die Verkettung der Begriffe, die es buchstäblich unmöglich macht, den gewöhnlichen Diskurs seiner Zeit zu halten.

Bevor wir die Begriffe genauer untersuchen, in denen Spinoza sein Anderes erkennt, müssen wir kurz auf den Brief von Albert Burgh zurückkommen. Wodurch wird seine Argumentation getragen? Neben der Aufzählung von Dogmen und Wundern, die nichts beweisen, es sei denn, man glaubt bereits daran (deren Vorhandensein allerdings das weiter oben erwähnte Schema erläutert: zuerst mußt Du Dich bekehren, d. h. den Raum wechseln, dann werden wir eine gemeinsame Sprache sprechen), findet man zwei eigentlich philosophische Referenzen, die zwar anonym bleiben, jedoch eindeutig zu erkennen sind: am Ende des Briefes der Hinweis auf den freien Willen; und etwas weiter oben die Frage Burghs, was dem Autor einer Philosophie erlaube, seine Philosophie von der Philosophie der anderen zu unterscheiden, indem er sie als die bessere oder sogar als die einzige Philosophie herausstelle: Anders gesagt, was eine Lehre erlaube, ihre theoretischen Vorgänger ins Nichts zu verstoßen? Aber diese Frage ist eine Kartesianische Frage: das Neue wird nur durch einen vollständigen Bruch mit dem für veraltet gehaltenen Vergangenen eingeführt, was sowohl in „Von der Methode” als auch zu Beginn der „Leidenschaften der Seele” („Nemo ante me”) behauptet wird. Das heißt nicht, daß Burgh Kartesianer ist, aber in kartesianische Konzeption der Philosophiegeschichte an. Und genau dieses Argument greift Spinoza in seiner freilich recht kurzen Antwort auf. Abgesehen von einer Kritik des Aberglaubens und der politischen Rolle der Römischen Kirche ist sein Brief in der Tat um ein theoretisches Argument zentriert: „*Sie scheinen trotzdem die Vernunft gebrauchen zu wollen und fragen mich, wieso ich es wisse, daß meine Philosophie die beste sei unter allen denen, die jemals in der Welt gelehrt worden, noch gelehrt werden oder jemals in Zukunft werden gelehrt werden? Eine Frage, die ich mit viel größerem Rechte an Sie richten könnte. Denn ich erhebe nicht den Anspruch, die beste Philosophie gefunden zu haben, sondern ich weiß, daß ich die wahre erkenne. Wenn Sie aber fragen, wieso ich das weiß, so werde ich antworten: geradeso wie ich weiß, daß die drei Winkel eines Dreiecks gleich zwei Rechten sind. Und so wird niemand bestreiten, daß das genügt, solange er ein gesundes Hirn hat und nicht von unreinen Geistern träumt, die uns falsche, den wahren ähnliche Ideen einflößen.*"[7] Sicherlich kann man diese Antwort allein auf der Ebene der Kritik der katholischen Kirche und ihrer Dogmen lesen; man muß jedoch feststellen, daß die hier gegebene Definition der Gewißheit eindeutig antikartesianisch ist: sowohl wegen des der Mathematik entnommenen Modells (obwohl auch sie in der „Ersten Meditation" dem Zweifel unterworfen wird) als auch wegen der offensichtlichen Nutzlosigkeit, auf die „res cogitans" zurückzugreifen, um eine Ordnung der Ursachen zu begründen, die allein wirklich gewährleisten würde, daß die drei Winkel eines Dreiecks tatsächlich gleich zwei Rechten sind. Denjenigen, die annehmen, daß zwar die Physik oder die Medizin zweifelhaft sind, nicht jedoch die Mathematik, „die nur von den allereinfachsten und allgemeinsten Gegenständen handelt und sich wenig darum kümmert, ob diese in der Wirklichkeit vorhanden sind oder nicht"[8], schlug Descartes ein Argument vor, das am Ende der Meditation wieder aufgegriffen wird: „So will ich denn annehmen, (. . .) irgendein böser Geist, der zugleich allmächtig und verschlagen ist, habe all seinen Fleiß daran gewandt, mich zu täuschen; ich will glauben, Himmel, Luft, Erde, Farben, Gestalten, Töne und alle Außendinge seien nichts als das täuschende Spiel von Träumen, durch die er meiner Leichtgläubigkeit Fallen stellt"[9]. Aber sagt Spinoza nicht, daß man verrückt sein muß, um eine derartige Annahme zu machen? Ob seine Anspielung auf die *„unreinen Geister"* den kartesianischen bösen Geist betrifft oder allein die Dämonen, die sein alter Schüler fürchtet, ist im Grunde ziemlich unwichtig. Wichtig ist, daß ihn eine sorgfältige Kritik eines Arguments, das einen kartesianischen Anstrich besitzt, dazu führt, die Möglichkeit jedes kartesianischen Diskurses zurückzuweisen. Setzen wir diese Geste in bezug zu der Anspielung auf den freien Willen: das Andere Spinozas, wäre das vielleicht die Philosophie Descartes'?

2. Spinoza und sein Anderes

Wenn es wahr ist, daß sich ein Werk nur durch einen Abstand konstituiert, den sein Text herausbildet, so muß zuerst diese Distanz vermessen werden. Zunächst muß folgende Frage beantwortet werden: Von was und von wem schließt sich Spinoza aus? Man würde es sich zu einfach machen, beschränkte man sich auf einen Namen. Will man jedoch um jeden Preis einen Raum unterzeichnen, um ihn zu bezeichnen, so wird man, je nach der zufälligen Auswahl der Texte oder der Insistenz der aufeinander verweisenden Anspielungen einige Eigennamen entdecken, die nur zögernd ausgesprochen und oft sehr vorsichtig kritisiert werden. Häufiger jedoch wird man Gattungsnamen und Umschreibungen finden. Man kann also sagen: Wer in der durch Anmerkungen, Vorworten und Anhängen verstärkten Textstruktur als Gegner benannt wird, ist vielleicht Descartes, jener *„sehr berühmte Herr Descartes";* sicherlich sind es die Moralisten und Theologen. Aber häufiger noch und regelmäßiger sind es *„die Menschen",* wenn sie sich täuschen und glauben, frei zu sein.

Die Menschen — sie würden sich also alle täuschen? Gewiß — jedesmal wenn sie jener hartnäckigen Illusion nachgeben: der Freiheit. Die adverbiale Bestimmung verweist hier auf eine bestimmte Art und Weise, die Welt zu betrachten: auf eine bestimmte theoretische Geste. Solange man in deren Gesetzen gefangen bleibt, gehorcht man einem bestimmten System, gibt man eine bestimmte Art von Antworten, wahrt man ein bestimmtes Verhalten. Wer ist nun jener durch die Untersuchungen der „Ethik" ständig angegriffene Gegner? Eben diese Geste selbst und der Raum, den sie organisiert — und nicht dieser oder jener Einzelne. Wenn die Moralisten betroffen sind, so deshalb, weil sich ihre Welt ausnahmslos in einen solchen Raum einschreibt. Und der beharrliche Wunsch, Descartes zu widerlegen, wird mehr als durch die zeitliche Nähe durch das getragen, was dieser als ein Symbol dieses Raums selbst repräsentiert.

Man kann also sagen, daß das Andere Spinozas eine Systematik ist, daß sein Denken nicht an der vielfältigen Oberfläche der Texte, sondern an der Wurzel angreift. Man kann sich trotzdem nicht unbegrenzt auf dieser Ebene halten, auf der nur das kritisiert wird, was die Diskurse produziert − und wenn auch nur aus pädagogischen Gründen. Denn man muß Beispiele geben, d. h. in produzierten Diskursen die Effekte des Mechanismus suchen, den man zerlegt. Wenn sich Spinoza auf Individuen bezieht, so also eher in folgender Hinsicht: als Opfer einer bestimmten Denkweise − und nicht als Urheber dieses Denkens.

Wenn also der erste charakteristische Zug Spinozas in der Verwerfung besteht, so liegt der zweite darin, daß er nicht einen Theoretiker, sondern einen ganzen Raum verwirft, nicht irgendeine Rede, sondern das, was diese beherrscht und organisiert. Die damit getroffene Unterscheidung ist nicht die von Besonderem und Allgemeinem, sondern die Unterscheidung zwischen den offensichtlichsten (also vielfältigen) Schichten des Diskurses und den tieferliegenden Ebenen, auf denen sich die Bewegung der Begriffe ordnet, die die konkreten Figuren hervorbringt, die man als Illustrationen bezeichnen kann. Dies erklärt vielleicht die Ratlosigkeit der Kommentatoren angesichts der Form der „Ethik": Sie heben den Widerspruch hervor zwischen der ruhigen und unpersönlichen Verkettung der Theoreme, die allein vom Bemühen um Beweise getragen zu sein scheint − und den heftigen Angriffen in den Anmerkungen und den anderen Anhängen. In Wahrheit liegt darin keine Zäsur: Wir haben vorhin hervorgehoben, daß dieses Buch in seiner Gesamtheit polemisch ist. Wie und warum es in seiner Gesamtheit polemisch sein muß, versteht man besser, wenn man den theoretischen Grundgestus des Glaubens an die Freiheit erkannt hat: Der doppelte Diskurs wird von zwei Seiten der Kritik gestützt — selbst die scheinbar neutralsten Theoreme tragen zur Zerstörung des gegnerischen Raumes bei. Durch ihre Anordnung zerschneiden sie jenen unendlichen Grenzraum (marge), der beide Diskurse trennt, während die begleitenden Nachträge auf jede der einmal ermittelten Grunddifferenzen Beispiele pfropfen (greffer), die diese Differenzen wieder an ihre Konsequenzen binden. Spinozas Rede — zwischen Theoremen und Anmerkungen — verteilt also die Differenz zwischen dem Raum und seinen Erscheinungsformen. In den Theoremen nicht die Polemik zu erkennen, hieße, sie mit dem individuellen Kampf zu verwechseln.

Diese Unterscheidung verweist auf ein Lektüreprinzip. Anstatt den Argumentationsstrang wiederaufzugreifen, der die inkriminierten Begriffe bei einem Autor erscheinen läßt, bemüht sich Spinoza vielmehr, die gegenseitige Kohärenz dieser Begriffe aufzuzeigen. Man sollte also nicht erstaunt sein, wenn er Vergleiche zieht, die unpassend erscheinen. Bevor man ihn beschuldigt, sollte man zunächst die Begriffe an ihren richtigen Ort in der Verkettung des Raumes — und nicht in der des Autors — stellen. Häufig versucht Spinoza nicht einmal, die Worte wiederaufzugreifen, mit denen sich die kritisierten Autoren ausdrücken: in jedem Fall sind die inkriminierten Begriffe — da sie auf einem anderen Niveau situiert sind — mit denen der kartesianischen Texte z. B. allenfalls homonym. Wenn sie gelegentlich nicht einmal das sind, so beweist dies nicht, daß sich Spinoza in seiner Zielrichtung irrt: Wird niemand namentlich genannt, muß man beim Erkennen des Angriffsziels eben vorsichtig sein. Dies kann nicht gelingen, wenn man sich von der Terminologie leiten läßt: eine wertvolle Regel, um Widersinnigkeiten zu vermeiden, wie wir bei der Idee der Finalität noch sehen werden.

Wie soll man vorgehen? Für den Raum, den er verwirft, zeigt Spinoza einen Begriffsknoten auf, der unmittelbar auf die Idee der Freiheit bezogen wird: Anscheinend läßt sich der gesamte Raum von diesem Mittelpunkt her beschreiben. Er ist am einfachsten zu überblicken, wenn wir, von diesen Prinzipien ausgehend, den Entwicklungsstufen seines Aufbaus folgen. Anschliessend läßt sich untersuchen, wie sich Spinoza von diesem Raum abgrenzt.

Dieser Begriffsknoten ist das System des göttlichen oder menschlichen *Willens* und der *Finalität*. Im Anhang des 1. Buches wird beides verknüpft, indem es überdies aus der menschlichen Konstitution deduziert wird: *„Und da alle Vorurteile, die ich hier zu besprechen gedenke, von dem einen abhängen, daß nämlich die Menschen gemeiniglich annehmen, alle Dinge in der Natur handelten, wie sie selber, um eines Zweckes willen, und sogar als gewiß behaupten, daß Gott selber alles auf einen bestimmten Zweck hinleite – sagen sie doch, Gott habe alles um des Menschen willen gemacht, den Menschen aber, damit dieser ihn verehre – so werde ich zuvörderst dies eine Vorurteil betrachten".* Von diesem Kern aus werden alle Vorurteile erschlossen: In ihm besitzen wir das Zentrum des Raumes, der zerstört werden soll. *„Hier wird genügen, daß alle Menschen ohne Kenntnis von den Ursachen der Dinge zur Welt kommen, und daß alle den Trieb haben, ihren Nutzen zu suchen, und sich dieses Triebes bewußt sind. Hieraus folgt nämlich erstens, daß die Menschen frei zu sein meinen, da sie sich ihrer Wollungen und ihres Triebes bewußt sind und an die Ursachen, von denen sie veranlaßt werden, etwas zu erstreben und zu wollen, weil sie ihrer unkundig sind, nicht im Traume denken. Es folgt zweitens, daß die Menschen alles um eines Zweckes willen tun, nämlich um des Nutzens willen, den sie erstreben; daher kommt es, daß sie von dem Vergangenen immer nur die Zweckursachen zu wissen wünschen und, sobald sie sie vernommen haben, befriedigt sind; weil sie nämlich* *keine Ursache haben, sich weitere Fragen vorzulegen. Wenn sie aber diese Zweckursachen von niemand vernehmen können, bleibt ihnen nichts übrig, als sich an sich selbst zu wenden und an die Zwecke zu denken, von denen sie selbst zu ähnlichem bestimmt zu werden pflegen, und so beurteilen sie die Sinnesweise eines anderen notwendig nach ihrer eigenen Sinnesweise. Da sie ferner in sich und außer sich eine große Menge Mittel vorfinden, die zur Erreichung ihres Nutzens erheblich beitragen, wie z. B. die Augen zum Sehen, die Zähne zum Kauen, die Kräuter und Tiere zur Nahrung, die Sonne zum Leuchten, das Meer, Fische zu ernähren usw., so ist es gekommen, daß sie alles in der Natur als Mittel für ihren Nutzen ansehen. Und weil sie wissen, daß diese Mittel von ihnen selbst nur vorgefunden und nicht hergerichtet sind, nahmen sie hieraus Veranlassung, zu glauben, es sei irgend jemand anders, der diese Mittel zu ihrem Nutzen hergerichtet habe. Denn nachdem sie einmal die Dinge als Mittel betrachteten, konnten sie nicht glauben, daß diese sich selbst gemacht hätten, sondern aus den Mitteln, die sie selber für sich herzurichten pflegen, mußten sie schließen, daß es einen oder mehrere mit menschlicher Freiheit begabte Lenker der Natur gebe, die alles für sie besorgt und alles zu ihrem Nutzen gemacht hätten. Und ebenso mußten sie die Sinnesweise dieser Lenker, da sie ja niemals etwas darüber vernommen hatten, nach ihrer eigenen Sinnesweise beurteilen; und infolge hiervon behaupteten sie, daß die Götter alles zum Nutzen der Menschen lenken, um sich die Menschen zu verpflichten und bei ihnen der höchsten Ehre zu genießen."*[10]

Die Menschen glauben, frei zu sein: sie kennen ihre Ziele/Zwecke (fins), jedoch nicht das, was in ihnen diese Ziele determiniert. Nichtmenschliche Objekte betrachten sie als Mittel für diese Ziele (anders gesagt: sie teilen die Natur in zwei Reiche, oder noch genauer, sie schließen sich selbst aus dem allgemeinen Reich der Natur aus). Da nicht alle diese Mittel von ihnen selbst produziert wurden, müssen sie sich eben einen anderen Willen vorstellen, der sie produziert hat. Die Figur der Vorsehung oder des persönlichen Gottes oder sovieler Götter, wie man will, ist damit geboren. So schließt sich der Kreis: vom freien Willen des Menschen zur Finalität, von der Finalität zum freien Willen Gottes. Die Grundbegriffe des klassischen Raumes bilden ein System und verweisen aufeinander, wenn sie durch diese Analogisierung ähnliche, wenn auch unendlich entfernte „Ratschlüsse" des Menschen und seines Gottes verbinden. Man muß den Angelpunkt dieser Schlußfolgerung betonen: Sie ist nur stichhaltig, wenn man zwei Ordnungen radikal gegenüberstellt: die Ordnung des Willens, der Ziele begründet — und die Ordnung der materiellen Notwendigkeit, die keine schöpferische Fähigkeit besitzt und also nur als Mittel eingreifen kann, d. h. auf die eine oder andere Weise auf einen Willen zurückgeführt werden muß, wenn man ihre Existenz rechtfertigen will. Die Begriffe der Finalität (Mittel/Zweck) konstituieren sich also nur innerhalb eines Rahmens, der durch die absolute Unterscheidung alles Seienden in zwei Kategorien erschlossen wurde: in das, was einen Willen besitzt und in das, was keinen Willen besitzt. Letzten Endes erscheint also die Welt, die der klassische Diskurs beschreibt, als ein Universum der Spaltung. Wie wir sehen werden, wird diese erste Spaltung andere Spaltungen implizieren, die nach und nach die Betrachtung des Todes bestimmen werden.

Aber *wo* findet sich dieses von Spinoza umrissene Schema? Eigentlich nirgendwo, und vor allem: Kein klassischer Theoretiker produziert es in dieser Form — und wäre einer von ihnen in der Lage gewesen, es in einer solchen Klarheit darzulegen, hätte er sich ihm wahrscheinlich nicht mehr unterworfen. Dieser niemals gehaltene Diskurs begleitet und trägt die realen Diskurse; wenn er auch nirgends als solcher erscheint, ist er es doch, der die primäre Kohärenz der voluntaristischen Texte organisiert. Denkt man ihn unter dem Gesichtspunkt der Evidenz, so ist er niemals für sich betrachtet worden (um ihn zu thematisieren, muß man ihn, wie Spinoza, von außen betrachten). Aber er ist es, der die ihm gegenüber sekundären Begriffe, die das klassische Denken als Gegenstände konstituiert, zusammenhält. Eben weil dieser Diskurs die Grundstruktur eines Raumes ist, erscheint er nur in transformierten Formen: Auf diesen notwendigen Verdunkelungseffekt werden wir weiter unten noch zu sprechen kommen.

Aber selbst wenn man diese Distanz zwischen dem auf diese Weise von der Kritik offengelegten Raum und dem, was sich von diesem Raum in den Texten zeigt, anerkennt, mag man erstaunt darüber sein, daß der Begriff der Finalität als Zentralbegriff eingeschätzt wird: Hatte man doch Descartes als Symbol des „Anderen" von Spinoza vorgestellt. Wie soll man in der eben gegebenen Schilderung den Autor des „Von der Methode" wiedererkennen? Hat nicht Descartes immer sorgfältig alle „Zweckursachen"(causes finales, lat.: causae finales) vermieden? Hat er nicht die Effizienz in den Vordergrund der Erklärung gestellt? Eben deshalb muß man sich über die Bedeutung der Worte verständigen. Entwickeln wir zunächst der Reihe nach die Verkettung der Schlüsselbegriffe, wie sie sich von der Voraussetzung des freien Willens ausgehend begreifen läßt. Wir werden am Ende sehen, ob auch der Kartesianismus auf diesen Mechanismus zurückgeführt werden kann.

Am Anfang also: der Wille. Wie kann man ihn definieren? Als Kraft der unbedingten und unbegründeten Entscheidung. Er ist nicht das letzte Stadium eines Prozesses, durch den das, was in der Vorstellung erscheint, natürlich verstanden und sodann für das Handeln benutzt würde, sondern eine Fähigkeit des unvermittelten Bruchs. Die Klassiker erproben tatsächlich eher den Willen, als daß sie ihn beschreiben: Er wird durch seine Freiheit charakterisiert und als alleinige Ursache seiner selbst

begriffen, als etwas, das mit einem Schlag die vorgege-
bene Ordnung transzendiert, umstürzt und eine neue
Realität aus dem Nichts heraus schafft. Tatsächlich läßt
sich dieser Anschein von Radikalität durch die Unkenntnis der Ursache und nicht durch deren Nichtexistenz erklären. Der Diskurs über die Freiheit ist also nicht eigentlich ein leerer Diskurs: Er analysiert eine reale Konsequenz, indem er sie von dem trennt, dessen Konsequenz
sie ist. *„Die Menschen täuschen sich, wenn sie sich für
frei halten; und diese ihre Meinung besteht allein darin,
daß sie sich ihrer Handlungen bewußt sind, ohne eine
Kenntnis der Ursachen zu haben, von denen sie bestimmt
werden. Die Idee ihrer Freiheit ist also die, daß sie keine
Ursache ihrer Handlungen kennen. Denn wenn sie sagen,
die menschlichen Handlungen hingen vom Willen ab, so
sind das Worte, mit denen sie keine Idee verbinden. Was
nämlich Wille sei, und wie er den Körper bewegt, das
wissen sie alle nicht, und die, die etwas anderes vorgeben
und sich allerlei von einem Sitz und Wohnplatz des
Seelenwesens einbilden, erregen bei anderen gewöhnlich
Lachen oder endlich Überdruß."*11
Nach diesem Willen, den der Mensch sich zuschreibt,
malt er sich Gott aus; und da die höchste Form, die er
seinem eigenen Willen gibt, die Staatsgewalt ist, wie sie
sich in den Händen des Königs konzentriert, wird er
sich den Willen Gottes analog zum allmächtigen Recht
eines Königs vorstellen. *„Die große Menge versteht unter Gottes Macht Gottes freien Willen und sein Recht
auf alles, was ist, was deswegen gemeiniglich als zufällig
angesehen wird. Denn man sagt, Gott habe die Gewalt,
alles zu zerstören und in Nichts zu verwandeln. Ferner
vergleicht man sehr oft Gottes Macht mit der Macht der
Könige."* Genau diese Einstellung muß man aufgeben,
will man in den Raum Spinozas eintreten: *„Wenn ich
dies weiter verfolgen dürfte, könnte ich hier zeigen, daß
jene Macht, die die große Menge Gott andichtet, nicht
nur eine bloß menschliche ist (was zeigt, daß die große*

Menge Gott nur als Menschen oder nach dem Bilde eines Menschen begreift), sondern sogar Ohnmacht einschließt. (...) Denn niemand wird, was ich will, richtig auffassen können, wenn er sich nicht sehr davor hütet, Gottes Macht mit der menschlichen Macht oder dem Recht der Könige zu verwirren."[12]

Das Bild, das man sich von Gott macht, enthält also ein doppeltes Vorurteil: Der Mensch entwirft Gott nach seinem eigenem Bild, und da das Bild, das er von sich selbst hat, falsch ist, wird die Illusion der Freiheit auf Gott übertragen. Man muß erkennen, daß Gott nur aufgrund der Gleichsetzung mit der schöpferischen Kraft, die sich der Mensch selbst zuschreibt, als Schöpfer begriffen wird. Spinoza versucht hier weder, eine Ideengeschichte zu schreiben, noch versucht er zu bestimmen, welcher der beiden Begriffe als erster entstanden ist: er analysiert eine Funktionsweise, und da er sie in der menschlichen Natur verankert sieht, erscheint die Illusion der menschlichen Freiheit zuerst.

Gegen wen ist das gerichtet? Wir haben es bereits gesagt: gegen jeden Menschen, insofern er an all das glaubt – und spontan muß er zwangsläufig daran glauben. Aber wir können nach einer ausgearbeiteten Formulierung suchen, bei Descartes zum Beispiel. Lesen wir die Paragraphen 37 und 39 der „Prinzipien der Philosophie": wir werden dort all das wiederfinden, was wir soeben beschrieben haben.

„37. Daß aber der Wille so außerordentlich weit sich erstreckt, entspricht auch seiner Natur, und es bildet die höchste Vollkommenheit im Menschen, daß er durch seinen Willen, d. h. frei handelt. Damit ist er gewissermaßen der Urheber seiner Handlungen und kann ihrethalben gelobt werden."

„39. Daß aber unser Wille frei ist und wir nach Willkür vielem zustimmen oder nicht zustimmen können, ist so offenbar, daß es zu den ersten und gemeinsten der uns eingeborenen Begriffe zu zählen ist." Was das Cogito beweist: „Dies offenbarte sich vorzüglich, als wir oben in dem Bestreben, alles zu bezweifeln, so weit gingen, anzunehmen, ein allmächtiger Urheber unseres Daseins versuche uns auf alle Weise zu täuschen; denn dabei bemerkten wir trotzdem unsere Freiheit, da wir davon abstehen konnten, das zu glauben, was nicht ganz gewiß und geklärt war, und nichts kann selbstverständlicher und offenbarer sein als das, was uns damals unzweifelhaft erschien."[13] Die Freiheit wird also hier als das für den Menschen Primäre vorgestellt, als das, was seine tiefste Schicht konstituiert. Daß Gott nach dem gleichen Modell gedacht wird, wird uns (in umgekehrter Form) in der „Vierten Meditation" gesagt: „Allein den Willen oder die freie Entscheidung erfahre ich an mir so groß, daß ich die Vorstellung keiner größeren zu fassen vermag: so daß sie es vorzüglich ist, die mich verstehen läßt, daß ich gleichsam ein Abbild und Gleichnis Gottes bin."[14] Und dies wird auch in einem Brief erklärt, in dem sich sogar der Vergleich mit der königlichen Macht findet: Descartes versichert Mersenne, der ihn nach den mathematischen Wahrheiten fragt, daß diese von Gott frei eingerichtet wurden: „Fürchten Sie bitte nicht, überall zu versichern, daß Gott diese Gesetze in der Natur eingerichtet hat, so wie ein König Gesetze in seinem Königreich stiftet."[15] Der gleiche Wille begründet das Recht bei Grotius und er wird auch die „Cité" bei Rousseau organisieren. Auf den freien Willen müssen wir also noch einmal zu sprechen kommen, wollen wir den Raum verstehen, gegen den und in dessen Zerstörung sich die „Ethik" konstituiert.

Dieser Wille kann seine Rolle nur dann spielen, wenn er einem anderen Prinzip entgegengesetzt wird, das er „indirekt" umreißt: einer bestimmten Form der Notwendigkeit, die die „Mittel" bestimmt. Wir haben in bezug auf den Anhang des 1. Buches gesehen, daß der Glaube an die Freiheit die Teilung der Welt in zwei Regionen nach sich zieht; je mehr man die zweite Region entwertet, desto wertvoller wird die erste. Bei Descartes gewinnt die schöpferische Eingebung des Willensakts ihren vollen Sinn nur dann, wenn sie sich vom Hintergrund der mechanischen Notwendigkeit, der die äußere Welt unterworfen ist, abhebt. Um die Menschen als etwas Besonderes denken zu können, muß man das Universum auf ein System von Maschinen reduzieren. Lesen wir noch einmal, diesmal vollständig, den § 37 der „Prinzipien":

„37. Daß aber der Wille so außerordentlich weit sich erstreckt, entspricht auch seiner Natur, und es bildet die höchste Vollkommenheit im Menschen, daß er durch seinen Willen, d. h. frei handelt. Damit ist er gewissermaßen der Urheber seiner Handlungen und kann ihrethalben gelobt werden. Denn die Automaten lobt man nicht wegen der genauen Ausführung der Bewegungen, auf die sie eingerichtet sind, aber man lobt ihren Werkmeister wegen der genauen Verfertigung derselben, weil er sie nicht notwendig, sondern aus freien Stücken verfertigt hat. Aus demselben Grunde ist es mehr *unsere* Tat, daß wir das Wahre erfassen, wenn wir es erfassen, weil wir es mit Willen tun, als wenn wir es erfassen *müßten.* "[16]

In diesem Punkt werden die Materialisten des 18. Jahrhunderts in einem bestimmten Sinn auf Descartes zurückgreifen: der „Mensch als Maschine" von La Mettrie wird auf das Bewußtsein nur das übertragen, was schon ein Jahrhundert vorher über die Ausdehnung gesagt wurde: einen Determinismus des Ruhenden.

So entrinnt der klassische Mensch dank seines Willens der allgemeinen Regel: Die „res cogitans" kann sich nur behaupten, wenn sie die Kräfte der „res extensa" beseitigt, indem sie ihre eigenen Kräfte bestätigt. Als ein ewiges Wunder entzieht sich der Mensch der Natur: Wenn er sie auch nicht anordnet, stellt er doch zumindest eine Ausnahme dar, was eben die Voraussetzung dafür ist, daß man sie beherrschen und besitzen kann. Nachdem er die Welt des Ruhenden einer rigiden Notwendigkeit unterworfen hat, will er — zumindest was ihn selbst betrifft — die Bitterkeit des Gesetzes illusorisch durchkreuzen. Dennoch bleibt er ein Teil der Welt und ist mit ihr partiell verbunden: Darauf beruht das schmerzhafte Problem der Beziehungen zwischen Seele und Körper — die jedoch nur entstehen, weil der Mensch zunächst einmal aus der Natur vertrieben wurde.

„Die meisten, die über die Affekte und die Lebensweise der Menschen geschrieben haben, verfahren dabei, als ob sie nicht natürliche Dinge, die den gemeinsamen Gesetzen der Natur folgen, zu behandeln hätten, sondern Dinge, die außerhalb der Natur stehen; ja ersichtlich denken sie sich den Menschen in der Natur wie einen Staat im Staate. Denn sie glauben, daß der Mensch die Ordnung der Natur mehr störe als befolge, und daß er über seine Handlungen eine unbedingte Macht habe und von nirgends sonst her, als durch sich selbst, bestimmt werde.“ Man muß anmerken, daß die so determinierte Sprache mehrere Varianten zuläßt: ist erst einmal der Abstand zwischen dem Menschen und dem Rest des Universums festgestellt, kann man sich, wie im oben zitierten Text von Descartes, seiner bedienen, um ihn zu verherrlichen. Man kann ihn jedoch auch — wie die von Spinoza zitierten Moralisten — vergrößern: *„Sodann messen sie die Ursache der menschlichen Ohnmacht und Unbeständigkeit nicht der gemeinsamen Macht der Natur bei, sondern ich weiß nicht welchem Fehler der menschlichen Natur, die sie deswegen bejammern, verlachen, geringschätzen oder, wie es meistens geschieht, verwünschen; und wer die Ohnmacht der menschlichen Seele mit besonderer Beredsamkeit und Schärfe durchzuhecheln versteht, der wird für göttlich gehalten.“* [17]

Es ist nun möglich, zum Begriff des Zweckes zurückzukommen. Was Spinoza als Finalität bezeichnet, ist im Grunde jener Abstand zwischen zwei Welten, der den Glauben an den freien Willen ermöglicht. Sie ist also die andere Seite der Freiheit, die Form, die diese annimmt, wenn sie sich mit der Notwendigkeit mißt. Dies ist das Wesentliche — und nur in dem durch diesen Abstand eröffneten Aufklaffen (béance) lassen sich die Zweckursachen im gewöhnlichen Sinne situieren. Sie sind zwar das, was in den Texten erscheint, sie können jedoch nicht ohne ihre Möglichkeitsbedingung gedacht werden: die Spaltung.

Gegen wen ist dies gerichtet? Wenn Spinoza vom Zweck der Dinge redet, so kritisiert er nicht die griechische Konzeption des Telos, d.h. eine bestimmte Art und Weise eines Dings, sich in seiner Vollendung zu verhalten. Er kritisiert vielmehr ein Schicksal, das diesem Ding von außen zugewiesen wird. Der Zweck ist hier der bewußte Zweck: das Ziel, das sich ein Bewußtsein selbst oder den Objekten zuweist. Man könnte sagen, daß in der Perspektive der Kritik des klassischen Voluntarismus innerhalb des Schemas Mittel/Zweck der Terminus *Mittel* entscheidend ist. Zunächst muß die Mehrzahl des Seienden auf einen niedrigen Status herabgesetzt werden, der von Gesetzen beherrscht wird, die die Menschen nicht betreffen, um sodann diesen die Macht verleihen zu können, nach ihrem Gutdünken über das Universum zu verfügen. Die finalistische Illusion bewegt sich also auf zwei Ebenen: Oberflächlich gesehen besteht sie in der Vorstellung, daß die Dinge für uns gemacht sind — wie jene allzu berühmte Melone, die nur im Familienkreis gegessen werden kann; grundsätzlicher beruht sie auf der durch die voluntaristische Illusion gegründeten radikalen Differenz. Natürlich kann die erste Ebene nur funktionieren, weil sie von der zweiten gestützt wird. Keine Finalität ohne freien Willen.

Im 17. und 18. Jahrhundert steht man jedoch zwei Kritiken der Finalität gegenüber, die trotz ihrer scheinbaren Übereinstimmung unterschieden werden müssen. Die erste Kritik wird, in einer Kartesianischen Geste, ihren Höhepunkt in den spöttischen Anspielungen Voltaires erreichen. Sie wird das angreifen, was wir als die Oberfläche der finalistischen Illusion gekennzeichnet haben: die Vorstellung, daß Gott die Dinge zu unserem Nutzen angeordnet hat. Aber von welchem Standpunkt aus wird diese Kritik vorgebracht? Von einem Standpunkt, der den freien Willen voraussetzt, d. h. genau der theoretischen Grundlage der Finalität, wie sie die „Ethik" begreift. Spinoza dagegen kritisiert nicht allein die Oberfläche der Illusion, sondern vor allem das Möglichkeitsfeld, das diese Oberfläche hervorbringt, und das sich aufgrund der voluntaristischen Spaltung konstituiert. Es ist wichtig, beide Kritiken nicht zu verwechseln, sonst könnte man — unter dem Vorwand einer verbalen Identität — den vorschnellen Eindruck einer Übereinstimmung zwischen Spinoza und der Kartesianischen Strömung gewinnen. In Wirklichkeit könnte man sagen, daß Descartes zutiefst finalistisch denkt, auch wenn er es auf der Oberfläche nicht tut. Er denkt finalistisch, weil er das Feld umreißt, auf dem sich die Lehre der Finalität entfalten wird — wie auch immer seine eigene Haltung zur Frage der Zweckursachen sein mag.

Ist das Zusammenspiel der beiden Grundbegriffe des klassischen Raums einmal bestimmt, lassen sich deren Konsequenzen ziehen. Der durch den freien Willen eingesetzten Spaltung wird eine neue Reihe von Spaltungen folgen. Und wenn Spinoza diese Spaltungen beschreibt, klingt häufig eine Kritik der Welt des Verstandes an, wie sie Hegel entwickeln wird.

Führt man in die Analyse des menschlichen Geistes den Willen ein, so unterwirft man ihm notwendigerweise die Wahrheit. Die Kartesianische Theorie des Irrtums ist bekannt: Der Wille wird niemals durch das gezwungen, was ihn der Verstand sehen läßt; er kann immer darüber hinwegsehen: Der Geist irrt sich nur freiwillig. Deshalb zeugt auch das richtige Urteil von der menschlichen

Freiheit: Es ist der Wille, der akzeptiert hat, nicht das zu überschreiten, was ihm der Verstand gezeigt hat. Man muß dabei festhalten, daß man nie zu diesem oder jenem Urteil gezwungen wird: so deutlich eine Evidenz auch sein mag, sie kann immer zurückgewiesen werden. Ein Beweis dafür ist die Ausklammerung des Urteils zu Beginn der „Meditationen". Ein anderer Beweis ist der Brief an Mesland, in dem Descartes behauptet, daß man das Falsche wählen kann, nur um seinen freien Willen zu beweisen: „Es ist uns immer möglich, ein klar erkanntes Gut oder eine evidente Wahrheit anzunehmen, vorausgesetzt daß wir meinen, daß es gut ist, dadurch unseren freien Willen zu bejahen."18

Wir haben gesehen, daß der Voluntarismus eine Analyse der menschlichen Leidenschaften begründet, die als eine Ausnahme in der Natur angesehen werden. Auf dieser Theorie des Menschen-als-Ausnahme baut sich eine ganze Reihe von Begriffen auf, für die das Descarteszitat typisch ist: Da wir — im Gegensatz zu den Tieren — frei sind, werden wir von Kategorien bestimmt, denen diese nicht unterworfen sind, Kategorien, die die verschiedenen freien Wahlen des Willens bestätigen. „Und weil sie sich für frei hielten, entstanden daraus Begriffe wie Lob und Tadel, Verbrechen und Verdienst."

Dies hat zwei Konsequenzen: Das, was ist, wird nicht analysiert (denn dazu müßte man ihm eine bestimmte Notwendigkeit zugestehen), man begnügt sich vielmehr damit, es zu verspotten oder zu beweinen; zum zweiten wird das, was den Zwecken entspricht, die man von außen dem Seienden zuschreibt, in der Form eines Sein-Sollens ausgedrückt: die Moral erschöpft sich von nun an in Ratschlägen, Appellen und im Abwarten — alles Maßnahmen der zwischen zwei Welten aufgebauten Distanz. Die Tugend wird von nun an als eine dem Glück vorzuziehende Restriktion verstanden. Warten, Appell, Askese: all dies gehört zu der Konfiguration einer Philosophie des Todes, denn hier wird das, was ist, durch das verurteilt, was nicht ist.

Mehr als ein Jahrhundert später wird die Hegelsche Kritik der Philosophien der Spaltung, nehmen sie nun wie bei Kant die Form eines frommen Wunsches oder aber die Form einer romantischen Nostalgie an, erneut die gleichen Akzente setzen. Wenn vom Standpunkt des wollenden Subjekts Kant an der Seite Descartes steht, so steht Hegel in der Nachfolge Spinozas.

Wille, Zwecke, Spaltung, der außerhalb der Natur stehende Mensch, Verspottung statt einer Analyse der Leidenschaften, eine Moral des Sein-Sollens, schließlich eine Tugend, die diesen unendlichen Abstand zusammenflicken (suturer) soll: Was die „Ethik" umgrenzen will, um es zu zerstören, ist also ein kohärenter Diskurs. Auch wenn man bei keinem Autor diese lange Begriffsreihe in dieser Ordnung findet, so sichert sie doch die Kohärenz einer großen Anzahl von partiellen Diskursen. Und Spinoza, dessen Rede mit der Verwerfung des Begriffspaares Wille/Finalität beginnt, schließt mit einer Kritik der klassischen Konzeption der Tugend: „Die Glückseligkeit ist nicht der Lohn der Tugend, sondern selbst Tugend; und wir erfreuen uns ihrer nicht deshalb, weil wir die Gelüste hemmen, sondern umgekehrt, weil wir uns ihrer erfreuen, können wir die Gelüste hemmen."19

Wenn man gesehen hat, wie sich diese Konfiguration abzeichnet, deren ursprüngliche Gestik Spinoza zugleich beschreibt und zerstört, kann man sich fragen, wodurch diese Zerstörung bei Spinoza getragen wird. Tatsächlich ordnet sich auch sein System von dem Moment an, in dem er nicht bei einer spöttischen Analyse der Gedanken der anderen stehenbleibt, nach bestimmten leitenden Prinzipien, die eine dem „freien Willen" im Raum des Subjekts vergleichbare Rolle spielen. Sicherlich darf man nicht glauben, daß allein diese Prinzipien die „Widerlegung" der Kartesianischen Strömung ausmachen: Ihre Wiederlegung ist die „Ethik" insgesamt —, aber nicht alle Begriffe des Systems sind auf der gleichen Ebene anzusiedeln. Einige sind wesentliche Instrumente des ,,Wieder-Zurechtrückens-der-Welt", das geleistet werden muß, wenn es wahr ist, *,,daß diese Lehre vom Zweck die Natur gänzlich auf den Kopf stellt. Denn was in Wahrheit Ursache ist, sieht sie als Wirkung an, und umgekehrt. Sodann macht sie das der Natur nach Frühere zum Späteren. Und endlich verwandelt sie das Höchste und Vollkommenste in das Unvollkommenste.* "[20]

Aber, und im Anhang des 1. Buches wird es eine Zeile vorher formuliert, die Dinge in ihrer richtigen Anordnung zu betrachten, bedeutet zuzugeben, daß *,,alles in der Natur mit einer ewigen Notwendigkeit und mit höchster Vollkommenheit vor sich geht".* Um sich von dieser Notwendigkeit zu überzeugen, muß man die ersten Kapitel der *,,Abhandlung vom Staate"* lesen, in denen zunächst gesagt wird, was man nicht tun soll: *,,Die Affekte (. . .) werden von den Philosophen als Fehler angesehen (. . .). Daher pflegen sie sie zu belachen, zu beweinen, zu tadeln oder, mit noch größerer Scheinheiligkeit, zu verabscheuen."* Man wird darin die vom Voluntarismus inspirierte Haltung wiedererkennen, die den Menschen als eine Verletzung der Natur betrachtet, von deren Mechanismen sie ihn ausschließt. Genau dagegen entwirft Spinoza sein eigenes Projekt, das darin besteht, vom Menschen als einem Naturobjekt zu sprechen, das wie jedes andere dem Gesetz der Notwendigkeit unterworfen ist: *,,Als ich mich daher mit der Staatslehre zu beschäftigen anfing, war es nicht meine Absicht, etwas Neues und Unerhörtes zu geben; ich wollte nur das mit der Praxis am meisten Übereinstimmende auf sichere und unanfechtbare Weise darstellen oder es aus der Beschaffenheit der menschlichen Natur selbst herleiten. Um das Gebiet dieser Wissenschaft mit ebensolcher Unbefangenheit zu durchforschen wie das der Mathematik, habe ich mich sorglich bemüht, die menschlichen Handlungen nicht zu verlachen, nicht zu beklagen, auch nicht* *zu verabscheuen, sondern zu verstehen. Ich habe deshalb die menschlichen Affekte, als da sind Liebe, Haß, Zorn, Neid, Ruhmsucht, Mitleid und die übrigen Gemütsbewegungen nicht als Fehler der menschlichen Natur betrachtet, sondern als ihre Eigenschaften, die ihr gerade so gut zu eigen sind, wie der Natur der Luft die Hitze, die Kälte, der Sturm, der Donner und dergleichen; mögen sie auch unbequem sein, notwendig sind sie doch und sie haben ihre bestimmten Ursachen, aus denen wir ihre Natur zu erkennen suchen, und der Geist ergötzt sich an ihrer wahren Betrachtung gerade so wie an der Erkenntnis dessen, was den Sinnen angenehm ist."21*

Wenn das, was menschliche Gefühle und zugleich solche Phänomene wie den Regen und den Blitz bestimmt, eine gemeinsame natürliche Notwendigkeit ist, könnte man glauben, sich auf vertrautem Boden zu bewegen. Erscheint diese Notwendigkeit nicht in der Kartesianischen Strömung als das Prinzip, das die willenlosen Wesen beherrscht? Aber so einfach ist es nicht: Spinoza kann nicht zu denen gezählt werden, die — wie die Materialisten des 18. Jahrhunderts — den zuvor für die Ausdehnung erkannten Determinismus auf das Bewußtsein erweitern. Notwendigkeit ist nicht gleich Notwendigkeit. Die Lehre der „Ethik" steht nicht nur im Gegensatz zu der Radikalität des Gott und den Menschen zugeschriebenen Willens, sondern auch im Gegensatz zu der angeblich ruhenden Materie. Was für Spinoza jedes Ding kennzeichnet, ist die ihm eingeschriebene Fähigkeit, Wirkungen zu haben, d.h. seine „Wirkungskraft".

In der voluntaristischen Strömung hebt sich der freie Wille vom Hintergrund der natürlichen Welt nur dann ab, wenn er dem nicht auf eine Ursache zurückzuführenden Willen Objekte entgegensetzt, die von determinierenden Ursachen, deren Gesetze diesen entgehen, produziert werden. In dieser Perspektive bedeutet „notwendig sein" soviel wie Wirkung einer Ursache sein.

Größe und Skandalon des Menschen bestehen eben darin, daß er zumindest in seinem Geist diesen Zwängen entrinnen kann. Bei Spinoza ist es nahezu umgekehrt: Notwendig sein bedeutet, Ursache einer Wirkung oder mehrerer Wirkungen zu sein, und die Vollkommenheit eines Dings wird an der Anzahl der Wirkungen gemessen, die aus ihm folgen. Gott oder seine verschiedenen Modi, aber auch der Mensch und alle anderen Wesen produzieren, und sie produzieren gemäß Gesetzen. Der 16. Lehrsatz des 1. Buches, von dem Tschirnhaus, ohne daß ihm sein Briefpartner widersprach, behauptete, daß er die Achse der *„Ethik"* bildet, sagt, daß *„aus der Notwendigkeit der göttlichen Natur unendlich vieles auf unendlich viele Weise folgen muß"*. Spricht man also in bezug auf Gott von Notwendigkeit, so wird seine Macht nicht verneint, sondern vielmehr ihr geregelter Charakter unterstrichen. Dem Schöpfer den freien Willen absprechen, heißt nicht, ihn (und mit ihm den Menschen) in den Rang eines Objekts herabsetzen. Es bedeutet vielmehr, den Entwurf einer Welt ohne „Objekte" zu umreißen, in der kein Ding die Eigenschaft der klassischen Notwendigkeit besitzt: Mittel für einen Zweck zu sein. Da jedes Einzelding auf bestimmte Weise die Natur Gottes ausdrückt, führt der 16. Lehrsatz unvermeidlich zum 36. Lehrsatz (dem letzten Lehrsatz des 1. Buches, also dem Facit der spinozistischen Theologie): *„Es existiert nichts, aus dessen Natur nicht irgend eine Wirkung folgte"*. Ebenso wie die Substanz, deren Modi sie darstellen, sind alle Dinge aktiv. Die Notwendigkeit, die das Universum bestimmt, ist nicht ein den Dingen äußerlicher einfacher Mechanismus: Sie ist eine in den Dingen liegende lebendige Wirkungskraft. Damit wird etwas grundsätzlich Neues ausgedrückt: Diese These stellt sich, ebenso wie sie Descartes oder seine Nachfolger betrifft, der aristotelischen Physik entgegen. Die Modi — ebenso wie Gott — produzieren spontan. Sie benötigen keine Form, um ihre Macht zu aktualisieren.

Selbstverständlich gibt es zwischen der göttlichen Substanz und den Einzeldingen, ihren endlichen Modi, einen Unterschied: Während Gott nur den Gesetzen seiner eigenen Natur gehorcht, benötigen die endlichen Modi, um zu existieren und zu produzieren, eine andere Determination als die Determination durch sich selbst; eine Determination jedoch, die alles andere als eine Form ist: die anderen endlichen Modi, die anderen Einzeldinge. Was vorhin über die Wirkungskraft gesagt wurde, muß daher nuanciert werden: Solange die Dinge durch etwas bestimmt werden, was ihnen äußerlich ist, produzieren sie zwar noch Wirkungen, aber diese Wirkungen leiten sich nicht mehr unmittelbar aus dem her, was der 36. Lehrsatz des 1. Buches formulierte: Sie entsprechen nicht mehr allein der Natur des Einzeldings. Die Wirkungskraft eines Dings ist also nicht konstant: Seine Wirkungen folgen der Notwendigkeit seiner Natur nur *mehr oder weniger.* Nicht weil der Zufall eingeführt werden muß, sondern weil ein Teil seines Handelns von einer äußeren Notwendigkeit abhängt. Es ist ein Unterschied, ob ein Einzelding nach eigenen oder nach ihm von außen aufgezwungenen Gesetzen handelt. Das einheitliche Prinzip der Notwendigkeit wird also in verschiedenen Figuren auftreten: Man wird sagen, daß die Wirkungskraft am größten ist, wenn man sich allein gemäß den Gesetzen seiner eigenen Natur verhält; sie verringert sich in dem Maße, wie sie dem Handeln der anderen Dinge unterworfen ist.

Hat man diese Unterscheidung getroffen, kann man den Terminus „Freiheit" wiedereinführen. Er bezeichnet dann nicht mehr den Zustand, keine Ursachen zu haben — ein in der Welt der *„Ethik"* undenkbarer Zustand —; er bezeichnet vielmehr die Eigenschaft dessen, das durch sich selbst gemäß den Gesetzen seiner eigenen Natur handelt und produziert. Diese Freiheit ist nicht das Gegenteil der Notwendigkeit: sie ist eine ihrer Formen. Als ein inneres Gesetz stellt sie sich dem Zwang entgegen — daher die doppelte Definition 7 des 1. Buches: *„Das Ding soll frei heißen, das nur kraft der Notwendigkeit seiner Natur existiert, und allein durch sich selbst zum Handeln bestimmt wird: notwendig dagegen, oder besser gezwungen, das Ding, das von einem anderen bestimmt wird, auf gewisse und bestimmte Weise zu existieren und zu wirken".* Das schnell korrigierte Zögern *(„notwendig dagegen, oder besser gezwungen")* zeigt sehr deutlich die Bedeutung wenn nicht der voluntaristischen Strömung, so doch die des Vokabulars, in das es sich einschreibt: Bevor man mit ihm bricht, muß man es wiederholen. Die Freiheit besteht also in der geregelten Produktion und nicht in der absoluten Mutwilligkeit. Weit entfernt von der Willkür, als die sich die Menschen normalerweise königliche Dekrete vorstellen, ist sie das höchste Stadium der Wirkungskraft: eben das, in dem das Gesetz kulminiert.

Unter diesen Umständen ist sicherlich keiner freier als Gott. Nicht weil er alles mögliche machen kann, sondern ganz im Gegenteil, weil sich alles, was er macht, auf seine eigene Notwendigkeit beziehen läßt. Um diese Freiheit auszuüben, ist es sicher nicht notwendig, Gott mit der Illusion des freien Willens auszustatten, der, wie wir gesehen haben, doch nur den Rest einer wahrgenommenen Handlung darstellt, deren Ursache man nicht kennt.

Kehren wir zum Anfang der *„Abhandlung vom Staate"* zurück. Man kann das, was sich in der Gesellschaft — und in der „Luft" — abspielt, auf zwei Arten beurteilen: mit Bedauern und Entrüstung (oder mit Lob, was auf das gleiche hinausläuft), oder aber mit Hilfe einer wissenschaftlichen Analyse, die darin besteht, Wesen und Eigenschaften der Dinge zu untersuchen. Diese beiden Einstellungen beruhen auf zwei entgegengesetzten Weltanschauungen, denn es ist unnütz, Wesen und Eigenschaften eines Phänomens zu untersuchen, wenn man davon überzeugt ist, daß es keine besitzt. Sobald man die Existenz eines Willens annimmt, der durch nichts determiniert wird, kann man nur sagen, wie die Menschen sein sollten, oder bedauern, daß sie nicht so sind. Man kann jedoch nicht untersuchen, nach welchen Gesetzen sie existieren, da man diese Frage unmöglich stellen kann. Ebenso führt die Beurteilung der nichtmenschlichen Dinge als Mittel für den Menschen oder seine Götter dazu, sie in bezug auf eine Zweck/Mittelrelation zu untersuchen und nicht in bezug auf ein notwendiges Verhältnis: Man wird sich fragen, warum und für wen sie gemacht wurden und nicht, wie sie Wirkungen produzieren. Wir haben gesehen, daß die Illusion des freien Willens, die spontane Illusion des Menschen, diesen ganz natürlich dazu führt, Zwecke vorauszusetzen. Wie also konnte die wirkliche Erkenntnis überhaupt entstehen? Es war der Fortschritt der Mathematik, der die Menschen in die Lage versetzte, diese Vorurteile zu durchschauen und sich von ihnen zu trennen. Wir werden weiter unten die Frage prüfen, wie sich die Mathematik selbst entwickelte, entscheidend ist, daß sie ein *Modell* darstellt: Auf die Welt blickt sie in Begriffen der Notwendigkeit. Einem Dreieck gegenüber fragt sich der Mathematiker nicht, wozu es dient und welcher Wille es zu diesem Zweck geschaffen hat; er fragt nach seiner Definition und nach den Eigenschaften, die aus dieser Definition deduziert werden können. Genauso wird Spinoza vorgehen: *„Denn allein daraus, daß ich Gott definiere als ein Wesen, zu dessen Wesenheit die Existenz gehört, erschließe ich mehrere Eigenschaften von ihm: nämlich, daß er notwendig existiert, daß er einzig, unveränderlich, unendlich usw. ist.“*[22] Deshalb wird die *„Ethik“* in *„geometrischer Weise verhandelt.“* Diese ist also weder eine Mode noch eine Koketterie — allein die Methode der Geometrie ermöglicht es, der finalistischen Illusion zu entrinnen. Ohne diese Methode hätten die in ihren Vorurteilen befangenen Menschen niemals die wahre Erkenntnis der Dinge gewonnen.

54

„Dieser Grund allein hätte sicherlich dazu geführt, daß die Wahrheit dem menschlichen Geschlecht in Ewigkeit verborgen geblieben wäre, wenn nicht die Mathematik, in der es sich nicht um Zwecke, sondern nur um die Wesenheit und die Eigenschaften von Figuren handelt, den Menschen eine andere Wahrheitsnorm gezeigt hätte. "23

Damit haben wir den Raum Spinozas umrissen: Nachdem wir sein Anderes bestimmt haben, haben wir seine eigenen Grundbegriffe herausgearbeitet und sein Modell benannt. Ebenso wie die Materie und Gott werden auch die Menschen durch eine absolute Notwendigkeit beherrscht, der gleichen Notwendigkeit, die ein Theorem an seine Konsequenzen bindet. Von nun an wird das System in seiner Gesamtheit die schrittweise Anerkennung der Wirkungskraft sein. Auf dieser Grundlage wird Spinoza die voluntaristische Theorie des Irrtums, des Lob und Tadels der Gefühle und die asketische Konzeption der Tugend sorgfältig dekonstruieren. Die Vernunft wird nun nichts mehr verlangen, was der Natur widerspricht, weil sie selbst ein Produkt der Natur sein wird, das dieser helfen wird, das besser zu realisieren, was sie verfolgte. Wie vorher, besser als vorher.

3. Die Natur Gottes und seine Eigenschaften

Die Mathematik lehrte uns, von den Dingen so zu sprechen, wie sie sind, anstatt sie zu loben, zu tadeln oder bei ihnen Zwecke vorauszusetzen. Wenn man das untersuchen will, was ist, d.h. das, was den Gesetzen der Notwendigkeit gemäß geschieht, wird man also auf mathematische Weise vorgehen. Man wird von Gott sprechen, wie die Geometer von einem Dreieck sprechen. Was aber sagen sie von einem Dreieck? Sie untersuchen seine Natur (es ist ein Vieleck mit drei Winkeln) und seine Eigenschaften (die Summe seiner Winkel entspricht zwei rechten Winkeln). Und vor allem zeigen sie, wie seine Eigenschaften notwendig aus seiner Natur folgen. Über Gott wird man also das Gleiche sagen: Man wird seine Natur und seine Eigenschaften darlegen, z. B. daß er *„das unbedingt unendliche Wesen"* ist, *„das heißt die Substanz, die aus unendlich vielen Attributen besteht, deren jedes ewige und unendliche Wesenheit ausdrückt"* (1. Buch, Definition 6); daß er notwendig existiert; daß er ewig ist; daß ohne ihn nichts begriffen werden kann. Wie wir jedoch im Lehrsatz 16 *(„Aus der Notwendigkeit der göttlichen Natur muß unendlich vieles auf unendlich viele Weise folgen")* gesehen haben, besteht seine Haupteigenschaft darin, produktiv zu sein: Dinge zu produzieren, die ihrerseits ebenso notwendig produzieren werden. Es soll also ein Universum beschrieben werden, in dem alles, was ist, handelt und Wirkungen hat. Im Grunde ist Gott nichts anderes als dieses in allem präsente Prinzip des Handelns. Letzten Endes ist Gott die Präsenz des Lebens in jedem einzelnen Ding.

Für diese Analyse mußte man zunächst eine ganze traditionelle Konzeption von Gott abschaffen: eine Konzeption der Theologen, des Volkes und derjenigen

Philosophen, die die allgemeine Illusion nachbeten. Eine Konzeption, die Gott de facto zur Ohnmacht verurteilte, als sie ihm eine kümmerliche Größe zuschrieb. Diese im Menschen in komplexer und verzweigter Form verwurzelte Konzeption läßt sich auf drei Ebenen erfassen: In der am häufigsten kritisierten Gestalt ist sie ein *Vorurteil* – der Anthropomorphismus. Dieses Vorurteil ist jedoch in einer *Illusion* verankert, der voluntaristischen Anschauung des Menschen – und es erstreckt sich drittens auf eine Praxis und einen Apparat des *Aberglaubens.*

Das Vorurteil besteht in dem Glauben, daß Gott dem Menschen ähnlich sei. Man stellt sich Gott als eine menschliche Person vor, oder vielmehr als das (und diese Nuance ist entscheidend), was man von der menschlichen Natur glaubt: Gott ist zwar weitaus größer und mächtiger, aber grundsätzlich gleicht er dem Menschen. *„So legt auch, wer die göttliche Natur mit der menschlichen verwirrt. Gott gar leicht menschliche Affekte bei, besonders solange ihm noch unbekannt ist, auf welche Weise die Affekte in der Seele hervorgebracht werden"*24. Dieses Vorurteil kann mehr oder weniger grobschlächtige oder differenzierte Formen annehmen: Der Mensch wird auf verschiedenen Stufen der Ähnlichkeit nachgeahmt. *„Manche bilden sich ein, Gott bestehe wie der Mensch aus Körper und Seele, und sei den Leidenschaften unterworfen"*25. Schlüsselpunkt dieser Vorstellung ist der Schöpfergott im christlichen Verständnis: Er erschafft die Dinge aus dem Nichts und verleiht ihnen durch einen freien Willensakt Unsterblichkeit – er hätte es jedoch nicht tun müssen. Die Menschen glauben also, die außerordentliche Macht Gottes beweisen zu können, indem sie ihn den Gesetzen der Notwendigkeit entziehen (denn wie wir gesehen haben, halten sie diese für das Gegenteil der Freiheit): Sie *„meinen, Gott sei deswegen eine freie Ursache, weil er ihrer Meinung nach bewirken kann, daß das, was, wie wir sagten, aus* *der Notwendigkeit seiner Natur folgt, das heißt das, was in seiner Gewalt steht, nicht geschieht, oder von ihm nicht hervorgebracht wird. Indessen dies wäre gerade so, als wollten sie sagen, Gott könne bewirken, daß aus der Natur des Dreiecks nicht folge, daß seine drei Winkel gleich zwei rechten seien, oder daß aus einer gegebenen Ursache keine Wirkung folge, was ungereimt ist.* '26

Man muß diesen Anthropomorphismus besonders betonen. Zum einen, weil die Vorstellung, daß der Mensch Gott nach seinem eigenen Bild entwirft — und nicht umgekehrt — für das 17. Jahrhundert relativ neu ist. Aber vor allem, weil dieses Vorurteil für Spinoza eine Grundlage besitzt: Da seine Begründung in der Illusion der Freiheit besteht, unterwirft sich jeder ganz spontan diesem Vorurteil. Spinoza hütet sich davor, den Irrtum zu begehen, den er anderen vorwirft: Er kritisiert die absurden Auffassungen der Menschen nicht als Ärgernisse, sondern zeigt vielmehr, wie sie ganz natürlich durch die Konstitution des Menschen produziert werden. In diesem Sinne ist er sehr weit von der Religionskritik der Aufklärung entfernt: Die Denker des 18. Jahrhunderts werden sich noch über die Dummheit der Völker und den Betrug der Priester wundern und entrüsten. Da beides grenzenlos ist, wird es noch unerklärlicher sein. Je ungerechtfertigter der Irrtum erscheinen wird, desto offensichtlicher wird er werden: Man wird Gott verspotten, wie die Theologen die Ohnmacht der Sterblichen verspottet haben. An die Stelle der Analyse und ihrer logischen Grundlage tritt der Vorwurf: Der Voluntarismus hat damit sein Feld, nicht aber sein Vorgehen geändert. Gegenüber einer solchen Religionskritik steht Spinoza vielleicht Feuerbach näher: Beide beweisen die Notwendigkeit des religiösen Vorurteils und bei beiden ist die Wurzel dieses Vorurteils die gleiche: das vom Menschen auf das Äußere projizierte menschliche Bild, das einem Wesen zugeschrieben wird, das — wenn auch in einem weit höheren Grad — die gleichen Eigenschaften besitzt. Trotzdem gibt es auch hier wieder einen radikalen Unterschied, und Spinoza steht erneut isoliert da: denn für den Autor von „Das Wesen des Christentums" ist diese Notwendigkeit eine Wahrheit. Was die Religion zugleich verbirgt und enthüllt, ist das Wesen des Menschen, das sie zu Unrecht veräußerlicht — aber eigentlich ist diese Übertragung ein Verkennen, und keine reine Lüge. Außerdem geht es weniger um die Zerstörung der Religion, als um ihre Interpretation, damit unter ihrer Oberfläche das offengelegt werden kann, was sich hinter dem prunkvollen Blendwerk Gottes verbirgt. Indem Feuerbach auf diese Weise eine theologische Tradition umkehrt, die zumindest bis auf Augustin zurückgeht, wird er sagen können, daß die drei Personen der Dreieinigkeit drei menschliche Eigenschaften darstellen: „Die göttliche Dreieinigkeit *im* Menschen *über* dem individuellen Menschen ist die Einheit von Vernunft, Liebe, Wille."[27] Der Diskurs über Gott enthüllt dem Menschen also — wenn auch auf entstellende Weise — sein eigenes Wesen: die menschliche Natur. Deshalb erklärt Feuerbach auch seine Distanz gegenüber der *Aufklärung*: „Der Historiker zeigt, (...) daß die Erzählungen von den Wundern Christi sich in lauter Widersprüche und Ungereimtheiten auflösen, daß sie spätere Erdichtungen sind, daß folglich Christus kein Wundertäter, überhaupt nicht der *gewesen* ist, den die Bibel aus ihm gemacht hat. Ich dagegen frage nicht danach, was wohl der wirkliche, natürliche Christus im Unterschiede von dem gemachten oder gewordenen supranaturalistischen gewesen ist oder sein mag; ich nehme diesen religiösen Christus vielmehr an, aber zeige, daß dieses übermenschliche Wesen nichts andres ist als ein Produkt und Objekt des übernatürlichen menschlichen Gemüts."[28]

Wenn dagegen für Spinoza der religiöse Diskurs irgendetwas enthüllt, so nicht das, was der Mensch in Wirklichkeit ist, sondern das, was er von sich selbst glaubt — und das ist ganz etwas anderes. Der theologische Irrtum verweist nicht auf das menschliche Wesen, sondern auf den humanistischen Irrtum. Da das Subjekt ebenso trügerisch ist wie das, was man nach seinem Modell entwirft, kann die Lektüre der Religion keine Interpretation sein. Das religiöse Vorurteil kann allenfalls zerlegt werden — man kann sich von seiner Notwendigkeit überzeugen und seine Wirkungen bestimmen.

Seine Wirkungen: sie liegen im Kult und in allen abergläubischen Praxen. Da man sich vorstellt, daß Gott den Menschen ähnlich ist, unterschiebt man ihm Stimmungen, Wünsche und Rachegefühle; man wird also etwas suchen, das ihn zufriedenstellen und beschwichtigen könnte: *,,Und ebenso mußten sie die Sinnesweise dieser Lenker, da sie ja niemals etwas darüber vernommen hatten, nach ihrer eigenen Sinnesweise beurteilen; und infolge hiervon behaupteten sie, daß die Götter alles zum Nutzen der Menschen lenken, um sich die Menschen zu verpflichten und bei ihnen der höchsten Ehre zu genießen. Daher ist es gekommen, daß jeder sich eine besondere Art der Gottesverehrung nach seinem Sinne ausgedacht hat, damit Gott ihn vor allen anderen liebe und die ganze Natur zum Nutzen für seine blinde Begierde und unersättliche Habsucht lenke. Und so hat sich dies Vorurteil in Aberglauben verwandelt und in den Seelen tiefe Wurzeln geschlagen; dies war die Ursache, daß jeder das größte Streben darein setzte, von allen Dingen die Zweckursachen zu erkennen und diese zu erklären. Aber indem sie zu zeigen suchten, daß die Natur nichts vergebens tue (das heißt nichts, was nicht zum Nutzen der Menschen diente), haben sie, wie mir scheint, damit bloß gezeigt, daß die Natur und die Götter ebenso wahnsinnig sind wie die Menschen. Man sehe nur, wohin die Sache schließlich* *führte! Unter so vielem Nützlichen in der Natur mußten sie eine Menge Schädliches finden, wie Stürme, Erdbeben, Krankheiten usw*., *und nun behaupteten sie, dies käme daher, weil die Götter über Beleidigungen zürnten, die ihnen von den Menschen zugefügt seien, oder über Verbrechen, die sie bei ihrer Verehrung begangen hätten.* "29

Glaube und Verehrung stützen sich auf einen Apparat, der an politische Institutionen — vor allem an die gefürchteten unter ihnen — gebunden ist: Der Übergang von der natürlichen Illusion zu ihren Konsequenzen und von diesen Konsequenzen zu dem, was diese sichern, ist fliessend. Es wird schließlich Menschen geben, die ein Interesse an der Erhaltung der Vorurteile haben (aus persönlichen oder gesellschaftlichen Gründen); Theologen und Tyrannen reichen sich die Hand, um zu täuschen und die Mittel ihrer Täuschung zu schützen.,,*Und daher kommt es, daß wer nach den wahren Ursachen der Wunder sucht und die Dinge in der Natur als ein Gelehrter zu verstehen und nicht als ein Tor sich über sie zu wundern bemüht ist, allenthalben als ein Ketzer und Gottloser gilt und als solcher von denen verschrien wird, in denen das Volk die Dolmetscher der Natur und der Götter verehrt. Denn sie wissen, daß mit dem Aufhören der Unwissenheit auch das Staunen aufhört, das heißt das einzige Mittel, das sie haben, um ihre Beweise zu führen und ihr Ansehen zu erhalten.* "30

Um den Status der Religionskritik bei Spinoza wirklich zu begreifen, muß man diese doppelte — natürliche und gesellschaftliche — Verankerung berücksichtigen. Diese Kritik ist nicht rein naturalistisch, wie ihr Ausgangspunkt am Ursprung der Illusion glauben machen könnte (die Menschen sind so, daß ...). In Wirklichkeit sind hier untrennbar verbunden: eine quasi physische Basis (der ursprünglich gegebene Abstand zwischen der Kenntnis der Handlungen und der Unkenntnis der Ursachen) *und* das, was diese verursacht und was zu ihrer

Reproduktion beiträgt: die gesellschaftliche Autorität derjenigen, die sich auf dieses Vorurteil stützen, sowie das komplexe Netz der überlieferten Vorstellungen, der Institutionen und der Unterdrückung. Deshalb greifen die Texte Spinozas — von den frühesten Schriften über die „Ethik" bis zu den „Abhandlungen" und zahlreichen Briefen — unermüdlich diese Frage der Religion mit all den soeben herausgearbeiteten Ebenen auf.

Ist die hinter dem Vorurteil stehende Illusion erst einmal nachgewiesen, wird die Kritik ihrer doppelten Wirksamkeit durch die Ermittlung des falschen Begriffs des freien Willens geleitet. Gott einen freien Willen verleihen, bedeutet, ihm zu verweigern, nach der universalen Notwendigkeit zu leben; ihn als grundlos, d.h. machtlos darzustellen. Die einzige Gott angemessene Freiheit ist sein eigenes Gesetz: die wirksame Produktion. Man muß also sagen, daß Gott absolut frei ist, nicht weil er nach Gutdünken handelt, sondern weil er nur seiner eigenen inneren Notwendigkeit unterworfen ist. Anders gesagt, weil er niemals gezwungen wird.

Er wird nicht von außen gezwungen, weil ihm eben nichts äußerlich ist, denn „außer Gott kann keine Substanz sein und keine begriffen werden", und „alles, was ist, ist in Gott, und nichts kann ohne Gott sein oder begriffen werden."31 Der Gegensatz zu den christlichen und klassischen Thesen wird also unter zwei Gesichtspunkten formuliert: Gott erschafft nicht, sondern produziert notwendig; in gewisser Hinsicht ist er mit dem, was er produziert, identisch. Beide Thesen hängen zusammen: Diese Identität oder vielmehr diese Präsenz Gottes in den Dingen stellt sicher, daß sie nicht auf seinen Beschluß hin aufgehoben werden. Man hat hierin das Grundmerkmal der Lehre Spinozas sehen wollen (den berühmten „Pantheismus" oder, wenn man so will, den „Atheismus", denn da alles Gott ist, ist Gott nichts mehr) und sich nicht entgehen lassen, ihm diese Blasphemie vorzuwerfen. Bestenfalls hat man darin eine Wiedergeburt des – zweifellos über die jüdische Mystik oder Giordano Bruno weitervermittelten – Neoplatonismus gesehen. Aber Produktion und Emanation sind zwei verschiedene Dinge: Man muß sich entscheiden, ob man nur nach Einflüssen sucht, oder ob man die strenge Verkettung eines theoretischen Raumes analysiert. Daß ein Begriff oder ein begriffliches Verfahren zum ersten Mal in Verbindung mit einer bestimmten Tradition, notfalls sogar in Worten oder in einer Atmosphäre, die dieser Tradition entnommen sind, formuliert werden, ist wenig entscheidend, wenn dieser Begriff eine genau umrissene Rolle in einer bestimmten theoretischen Maschinerie spielt, die sich von derjenigen unterscheidet, aus der er importiert wurde. Man kann ein Montageband nicht erklären, indem man den Ursprung der Rohstoffe bestimmt.

Es ist richtig, daß diese Einheit der Substanz bei Spinoza zunächst in einem neoplatonischen Stil auftritt – aber die philosophische Ordnung ist nicht nur eine Frage des Stils. In einem der ältesten bekannten Texte Spinozas, einem *„Dialog"* innerhalb der *„Kurzen Abhandlung"*, liest man, wie die Liebe Vollkommenheit sucht und der Verstand, die Vernunft und die Begehrlichkeit darauf antworten:

Der Verstand: *„Ich für mein Teil betrachte die Natur nicht anders als in ihrer Gesamtheit, als unendlich und höchst vollkommen, und du, wenn du daran zweifelst, so frage die Vernunft, die soll es dir sagen.*

Die Vernunft: Die Natur (. . .) ist eine Ewige Einheit, durch sich selbst seiend, unendlich, allmächtig usw., alles ist in ihr begriffen; und die Negation davon nennen wir das Nichts.

Die Begehrlichkeit: Das reimt sich ganz sonderbar, daß die Einheit mit der Verschiedenheit, die ich allenthalben in der Natur erblicke, übereinkommen sollte. Denn wie? Ich sehe, daß die intellektuelle Substanz keine Gemeinschaft hat mit der ausgedehnten Substanz und daß die eine die andre begrenzt.

Die Vernunft: Daß du, o Begehrlichkeit, behauptest, du sähest verschiedene Substanzen, das, sage ich, ist falsch, denn ich sehe klar, daß es nur eine einzige gibt, die durch sich selbst besteht und das Substrat aller andren Attribute ist. (. . .) Auf dieselbe Art wie Wollen, Fühlen, Erkennen, Lieben usw. verschiedene Modi sind von dem, was du eine denkende Substanz nennst, indem du alles auf eines zurückführst und aus alledem eines machst, so schließe ich auch durch deine eignen Beweise, daß die unendliche Ausdehnung und das unendliche Denken nebst andren unendlichen Attributen (oder nach deinem Stil: andren Substanzen) nichts andres sind als Modi des Einzigen, Ewigen, Unendlichen, durch sich selbst bestehenden Wesens, und alles das erklären wir wie gesagt für ein Einziges oder eine Einheit, außer der man kein Ding sich vorstellen kann. "32

Die Begehrlichkeit will bei der Verschiedenheit der Natur haltmachen, und es ist die Vernunft, die von dieser Verschiedenheit aus wieder zu einer höheren Einheit zu gelangen weiß: Im Grunde genommen gibt es keine verschiedenen Substanzen, und will die Liebe ihr Bedürfnis nach Einheit befriedigen, so muß sie sich dem Ganzen zuwenden. Natürlich erinnert dies an alte Themen oder an bestimmte Interpretationen des Christentums (in dem es immer Strömungen gab, die die Trennung zwischen dem Schöpfer und seinen Kreaturen aufzulösen suchten; diese Strömungen wurden zwar regelmäßig verdammt, traten aber immer wieder von neuem auf – vielleicht weil sie für die mystische Erfahrung unentbehrlich waren). Aber dieser Vergleich erschöpft nicht das hier zu Tage tretende eigentliche spinozistische Thema. Denn man könnte die neoplatonischen Elemente aufgeben – und die Dialogform wäre dabei nicht das Unwichtigste, denn ihre Ersetzung durch eine mathematische Struktur, würde ganz etwas anderes zeigen als eine rein äußerliche Neuerung. Vor allem wird man den Kausalitätstypus aufgeben müssen, der diesen Dialog strukturiert (man steigt von den Attributen zur Substanz auf wie von den Modi zu den Attributen): Aber man wird trotzdem jene Präsenz der Substanz in jedem Modus beibehalten, die hier nur im Hintergrund erscheint; dank der mathematischen Umformung wird sie jedoch in den Vordergrund der Szene treten.

Genau darin besteht die Abgrenzung. In den verschiedenen Lehren der Emanation gibt es bestimmte Konstanten: Die Welt wird auf einen Ursprung zurückgeführt (das Eine, Gott . . .), der — unabsichtlich, und darin liegt der Bruch mit jeder Theologie der Schöpfung — einen Teil seines Seinsgehalts aus sich hat entfließen lassen („wie sich Licht ausstrahlt", sagt Plotin), der andere Seiende erzeugt, die natürlich nur ein Schattenbild, ein Echo dessen sind, aus dem sie hervorgehen. Sie hängen zwar vollständig von ihm ab, können ihm jedoch niemals gleich werden. Folglich haben sie weniger Ausstrahlung, weniger ontologischen Gehalt — die Emanation ist ein langer, regelmäßiger Verfall: Je weiter der Ursprung entfernt ist, desto ärmer das Seiende. Gesteht man den Seienden überhaupt etwas zu, was ihnen nicht aus der ursprünglichen Substanz zukommt, dann nur als etwas Schlechtes, Mangelhaftes und Materielles: Eigenschaften, die den Verfall der Seinsformen nicht verringern, sondern vielmehr vergrößern. Die Tatsache, daß dieser Mangel nicht überall gleich ist (es gibt verschiedene Grade der Abwertung), begründet unter ihnen eine Hierarchie: je nachdem sie mehr oder weniger vom Einen oder der höchsten Gottheit entfernt sind. Natürlich gibt es innerhalb dieser Lehren verschiedene Variationen: Die Gnostiker vermehrten tendenziell die Zahl der Mittelwesen, um die Erniedrigung des Menschen besser kenntlich zu machen. Plotin dagegen bemerkt, daß das Eine „nicht von allem entfernt" ist. Über diese Unterschiede hinaus jedoch wird die Realität der endlichen Dinge tendenziell bestritten: Wenn jedes endliche Ding nur ein verlorenes Bruchstück ist, liegen sein Mittelpunkt sowie seine Begründung außer ihm, und es zu bestimmen, kann nur bedeuten, es in der Quelle, mit der es verbunden ist, aufzulösen. Die Logik der Emanation führt somit zur Negierung der Individuen, Sie führt dazu, d. h., daß sie sich niemals explizit dazu entschließt, daß sie jedoch den Individuen, während sie sie erst einmal unterscheidet, den Horizont ihrer Auflösung im ursprünglichen Ganzen vorhält; sie zwingt ihnen diese Auflösung als ihr *Ziel* (in allen Bedeutungen dieses Wortes) auf: zugleich als Ende und als Zweck.

Diese endgültige Aufhebung (suppression) der Individuen kann von zwei Seiten her analysiert werden: entweder von der Quelle her als Rückkehr dessen, was sie verloren hatte (aber dies wird sie nur dann bereichern, wenn man dem Negativen eine Kraft einräumt); oder von den Dingen her: Am Ende des Zustands der Trennung, der ihren Ursprung ausmacht, wünschen sie sich die Rückkehr. Die Schwierigkeit dieser Rückkehr zur Quelle hält sie, ob sie dies nun vergessen oder aber als tragisch empfinden. Dies ist ein (zu) allgemeines Schema — aber für alle Lehren der Emanation gibt es einigermaßen genau die Kohärenz folgender drei Begriffe wieder (egal, welchen Namen sie jeweils tragen): Emanation, Verfall, Hierarchie — und das Fazit dieser Kette: die Negierung der Individuen.[33]

Wo aber steht in diesem Zusammenhang die *„Ethik"*? Ihr Modell ist die Mathematik und die Verkettung ihrer Lehrsätze — nicht mehr das Licht: also nicht die „Ausstrahlung" des Einen, sondern vielmehr eine notwendige Produktion, analog der notwendigen Produktion von Konsequenzen durch ein Theorem oder durch eine Definition. Die Dinge werden nicht mit Hilfe der üblichen Logik der Emanation auf Gott zurückgeführt, sondern durch das *„Verdrehen"* (torsion) der Kartesianischen Begriffe oder vielmehr der über Descartes von der Scholastik überlieferten Begriffe: Substanz, Attribut, Modus. Es genügt, dem Ausdruck Substanz einen strengen Sinn zu geben: *,,das, was in sich ist und durch sich begriffen wird, das heißt das, dessen Begriff, um gebildet werden zu können, den Begriff eines anderen Dinges nicht bedarf"*, um diesen Begriff auf ein einziges Wesen einzuschränken, bezüglich dessen die anderen Wesen nur Modifikationen darstellen. Genau diesen strengen Sinn aber lehnte Descartes ab, oder vielmehr er lehnte es ab, ihn als einzigen Sinn zu betrachten: Indem er die Substanz als ein „Ding" definierte, „das so existiert, daß es zu seiner Existenz keines anderen Dinges bedarf", gab er wohl zu, daß man sie "nur als eine *einzige*, d. h. als Gott" denken kann. Aber wenn er sich auf die Mehrdeutigkeit dieses Begriffs in den philosophischen Schulen berief, erweiterte er diesen Terminus auf bestimmte Geschöpfe: „Da einige der erschaffenen Dinge solcher Natur sind, daß sie nicht ohne einige andere existieren können, unterscheiden wir sie von solchen, die bloß Gottes Bestand benötigen, und nennen diese Substanzen und jene Qualitäten oder Attribute dieser Substanzen."[34]

Die einzige Substanz drückt sich in einer unendlichen Anzahl von Attributen aus, die sich von ihr nicht unterscheiden: sie sind nur ihre Namen, oder wenn man so will, die verschiedenen Register, in denen sie sich ausdrückt. Sie stehen auf der gleichen Ebene: hier gibt es weder Emanation noch Verfall. Aber warum sollte diese Substanz, die aus einer unendlichen Anzahl von Attributen besteht, nicht in sich selbst ruhen, ohne sich zu modifizieren? Weil dieses In-sich-selbst-Ruhen eben bedeutet, weiterhin in allen seine Konsequenzen zu leben: Das Dreieck ist nicht weniger Dreieck, wenn die Summe seiner Winkel zwei rechten Winkeln entspricht. Im Gegenteil, die theoretische Strenge der Definition ist ihrer Konsequenz immanent: Sie stützt sie und verleiht ihr jene mathematische Gültigkeit, die sie selbst andere Konsequenzen produzieren lassen wird. Das Gleiche gilt auch für Gott. Lesen wir den Beweis des 16. Lehrsatzes: Dort wird deutlich, daß dieses Verhältnis der Immanenz (also der Präsenz) das Verhältnis Gottes zu den Modi bestimmt — und nicht die Ferne der Emanation. „*Dieser Lehrsatz muß jedem einleuchten, der bedenkt, daß der Verstand aus der gegebenen Definition eines jeden Dinges mehrere Eigenschaften erschließt, die in der Tat aus ihr (das heißt aus der Wesenheit des Dinges) notwendig folgen, und um so mehr Eigenschaften, je mehr Realität die Definition des Dinges ausdrückt, das heißt je mehr Realität die Wesenheit des definierten Dinges in sich schließt. Da nun die göttliche Natur (. . .) unbedingt unendlich viele Attribute hat, deren jedes wiederum unendliche Wesenheit in seiner Gattung ausdrückt, so muß folglich aus ihrer Notwendigkeit unendlich vieles auf unendlich viele Weisen (das heißt alles, was Objekt des unendlichen Verstandes sein kann) notwendig folgen.*"35

Dieser Unterschied impliziert zwei weitere Unterschiede, die nicht weniger wesentlich sind:

a) Wenn es keinen Verfall gibt, gibt es auch keine Hierarchie. Gott ist in allen Modi präsent: diese lassen sich nicht nach ihrem Grad der Entfernung zu Gott klassifizieren. Natürlich gibt es verschiedene Arten von Modi: die unendlichen Modi und die endlichen Modi (die „Einzeldinge"). Aber die unendlichen Modi scheinen eher Gesetzessysteme zu sein, denen sich die endlichen Modi unterordnen: Vorrang besitzen sie nicht in ihrer Würde, sondern allenfalls in der Ordnung des Beweises.

b) Die endlichen Modi sind ebenfalls real: sie gehen nicht in der göttlichen Unendlichkeit auf. Ihre Ordnung wird nicht als fortschreitende Entwertung des Seins begriffen: Kein Modus läßt sich auf einen anderen reduzieren, und auch wenn die Modi sich aus Gott deduzieren lassen, so lassen sie sich doch nicht auf ihn reduzieren, weil sie notwendige Modifikationen sind. Die Metaphysik Spinozas ist keine Vision vom Untergang der Dinge in Gott, sondern eine Vision von der Präsenz Gottes in den Dingen — was etwas ganz anderes ist.

Die Welt der „*Ethik*" ist also weder die Welt des Neoplatonismus noch die der christlichen Schöpfung oder die des klassischen Voluntarismus, die jene ablöst. Um sein begriffliches Universum zu konstruieren, benutzt Spinoza Materialien, die von Descartes „stammen" (die Begriffe Substanz, Modus, Attribut sowie den Nominalismus, der im übrigen weitaus strenger als bei Descartes ist); er entlehnt außerdem einer von Plotin ausgehenden Tradition einige Schemata; schließlich greift er auf Termini zurück, die auch bei Thomas von Aquin auftreten (mit „natura naturans" werden die Substanz und die Attribute, mit „natura naturata" die Modi bezeichnet) — dies trifft durchaus zu. Aber diese Materialien werden auf kohärente Weise neu geordnet und neu gedacht, so daß ihnen ihre alte Bedeutung genommen wird, um sie etwas vollständig Neues produzieren zu lassen. Aus dem Zusammenprall von expressiver Kausalität und strengem Nominalismus konstituiert sich ein schwer zu erkennender Raum: es ist möglicherweise der einzige Raum vor Marx, in dem verschiedene Realitätsebenen ohne Reduktion gedacht werden können.

Versuchen wir, diese beiden Ebenen zu kennzeichnen, indem wir zeigen, wie sie aufeinander verweisen. Wir haben gesehen, daß bei Spinoza die Notwendigkeit die Gestalt der Wirkungskraft (der Macht zu Handeln) annahm: wie aber gelangt man von der Macht Gottes zur Macht der Dinge?

Die Macht Gottes ist keine Macht der Entscheidung, wie bei den Königen, sondern eine Macht im Sinne der Natur (wie die großen die kleinen Fische fressen können...). Große Fische sind so beschaffen, daß sie kleine

Fische verschlingen können. Das Verschlingen kleiner Fische ist ihre notwendige Wirkung; ebenso ist auch Gott derart beschaffen, daß er eine unendliche Anzahl von Wirkungen produzieren muß. Nicht aus freiem Entschluß, sondern aufgrund der notwendigen Fähigkeit zur Produktion. Wenn man die Natur Gottes und seine Macht darstellen will, muß man deshalb begreifen, daß Gott nichts anderes ist als die Macht: Er ist das Leben.

Alles, was ist, drückt die Natur Gottes aus, nicht vollständig, aber auf determinierte Weise: Jedes Einzelding ist ein endlicher Modus Gottes, des auf eine bestimmte Weise modifizierten Gottes. Alle Dinge drücken also notwendig diese Macht aus, die Gott ist (sie schließen die Attribute Gottes ein, d. h. sein Wesen, d. h. seine Macht): Deshalb produzieren sie ihrerseits notwendig eine bestimmte Wirkung.

Diese ihnen immanente Macht — denn sie produzieren, weil Gott in ihnen präsent ist — ist ihnen jedoch eigentümlich: Sie sind nicht, wie Gott, mit ihr identisch, und die Macht, die sie besitzen, ist nicht ihr Wesen. Alle endlichen Modi leben (im Lehrsatz 21 des 4. Buches werden „Sein", „Handeln" und „Leben" gleichgesetzt), d. h. sie haben ein Leben; und dieses Leben ist Gott. In seinen „Metaphysischen Gedanken" trifft Spinoza diese Unterscheidung ganz explizit: „Deshalb verstehen wir unter Leben die Kraft, wodurch die Dinge in ihrem Sein verharren; und, weil jene Kraft von den Dingen selber verschieden ist, so sagen wir recht eigentlich, daß die Dinge selber Leben haben. Die Kraft aber, wodurch Gott in seinem Sein verharrt, ist nicht außer seiner Wesenheit, weshalb man sich ganz richtig ausdrückt, wenn man Gott das Leben nennt. Es fehlt nicht an Theologen, welche glauben, daß die Juden aus dieser Ursache, nämlich weil Gott das Leben und vom Leben nicht unterschieden sei, wenn sie schworen, sagten: (. . .)beim lebendigen Gott, nicht aber (. . .) beim Leben Gottes; wie Joseph, wenn er beim Leben Pharao's schwört, *sagte: beim Leben Pharaos.* "36

Sagen wir es anders. Im Universum gibt es Dinge, die handeln und produzieren. Beschränken sie sich darauf, einen Anstoß weiterzugeben und im Grunde ihrer selbst unbewegt zu bleiben? Nein, und deshalb ist die kartesianische Konzeption der Ausdehnung unzulässig.37 Tatsächlich besitzen die Dinge eine Selbstbewegung (das „Leben"), und diese Selbstbewegung ist die Präsenz Gottes in ihnen. Oder: Gott ist nichts anderes als die Kraft der Bewegung, die man in den Dingen findet, wenn man beginnt, sie für sich selbst zu betrachten. Aber daß Gott im Grunde nur die Fähigkeit des Produzierens ist, darf nicht dazu verleiten, die spinozistische Theologie als eine Welt der wildwüchsigen Vielfalt zu betrachten: diese Selbstbewegung der Welt ist strukturiert, sie gehorcht Gesetzen. Und ihre Produktion ist zunächst einmal die Produktion der Gesetze selbst: deshalb werden die endlichen Modi ihrerseits nur im Rahmen der unendlichen Modi produziert.

Will man sich von dieser im Innern durch eine nichtmechanische Bewegung belebten Welt eine Vorstellung machen, so findet man dafür bei Diderot eine recht gute Illustration: In „Le Rêve de d'Alembert" wird ein Universum vorgestellt, in dem eine einzige vitale Kraft alles Seiende belebt und in der sich diese immanente Präsenz sowohl in den Mineralien als auch in den Pflanzen oder den Tieren bestätigt. Daß diese Schwärmerei einem Mathematiker zugeschrieben und von einem Mediziner kommentiert wird, ist vielleicht kein Zufall, sondern ein Zeichen dafür, daß das Leben nur dann als eine solche universelle Kraft gedacht werden kann, wenn es etwas von der Notwendigkeit der Geometrie übernimmt.

Placaet van de Heeren Staten van Hollant ende West-Vrieslant, tegens het Boeck geintituleert B. D. Spinosa Opera Posthuma. In date den vijf-en-twintighsten Junij 1678.

F. Staten van Hollandt ende West-Vries-landt, Allen den genen die desen sullen sien ofte hooren lesen, Salut. *Doen te weten:* Dat tot Onse kennisse gekomen is, dat seecker Boeck, geintituleert *B. D. S. Opera Posthuma*, ende dat Wy bevonden hebben, dat het voorschreve Boeck behelst seer vele prophane blasphemie, ende Atheistische stellingen, daer door niet alleen den eenvoudigen Leser van de eenige en waerachtige wegh der Saligheydt soude konnen werden afgeleydt, maer oock de Leere van de Mensch-werdinge ende Opstandinge *Christi*, ende sulcks verscheyde seer essentiele Articulen van het Algemeyne Christelijcke Geloof werden ghelabefactêert, ende voorts by den Autheur wegh-genomen ende gevilipendeert de authoriteyt van de Miraculen, daer mede God Almachtigh syne Mogent-heyt ende Goddelijcke kracht, tot versterckinghe van het Christelijck Geloof heeft willen betuygen, trachtende den Leser in te scherpen, dat de waerheydt van de Goddelijcke revelatie, door de wijsheyt van de Leere selfs, ende niet door Miraculen (die hy de name geeft van ignorantie, en een Fonteyn van malitie) moet werden bevestight, ende dat men het geloove ende het oordeel over de Miraculen moet suspenderen, soo wanneer men de selve door natuyrlijcke oorsaecken niet kan ontdecken, presupponerende, dat de Menschen in de kennisse van de natuyr niet diep genoegh konnende indringen, daerom alleen sommige gheschiede saecken, haer als Miraculen schenen voor te komen; Ende dat den Autheur om alle de voorsz heterodoxe en Goddeloose stellingen staende te houden, sich bedient heeft van veele ende verscheyde reden-kave-lingen,

Die Exkommunikationsurkunde von Spinoza

Verurteilung der Bücher Spinozas durch die Niederlande (1678)

4. Das Bild und die Idee

Mit diesem Titel läßt sich das bestimmen, was bei Spinoza die Stelle einer „Erkenntnistheorie" einnimmt und in Wahrheit eine Theorie der *Produktion* von Erkenntnissen ist. Erkenntnisse: denn daß sich das Wissen auf seine verschiedenen Gattungen verteilt, ist irreduzibel; diese sind sich nicht mehr oder weniger ähnlich, sondern es handelt sich um verschiedene Typen des Wissens, die auf verschiedene Ursachen bezogen werden müssen. Produktion: denn die allgemeine Notwendigkeit betrifft auch das Wissen und gilt für die Produktion der Ideen ebenso wie für die Produktion der Eigenschaften eines Dreiecks. Erkenntnisse sind Wirkungen und produzieren ihrerseits andere Wirkungen. Dies weist ihnen in der strengen Ordnung der *„Ethik"* einen bestimmten Platz zu: *nach* der Ontologie des 1. Buches, in der das Prinzip aller Dinge analysiert wird (die Wirkungskraft) und *vor* der Theorie der Gefühle und der Knechtschaft, die in den folgenden Büchern entwickelt wird. Denn um zu untersuchen, wie sich der Mensch verhält, muß man zunächst erkennen, wie der Mensch die Welt und sich selbst versteht, warum er in der Illusion lebt und wie er sich von ihr befreien kann. Die zuerst getroffene Unterscheidung (zwischen innerer und äußerer Notwendigkeit) wird sich auf den verschiedenen Ebenen des Systems auswirken. Je nachdem, ob ein Individuum Wirkungen produziert, die allein aus seiner Natur folgen oder nicht, wird er eine adäquate Erkenntnis haben oder nicht — was ihn entweder auf den Weg der Leidenschaften oder auf den Weg der Vernunft führen wird.

Die Menschen täuschen sich also. Aber nicht immer. Um das zu erklären, muß man zeigen, daß es (zumindest) zwei Typen der Erkenntnis gibt: die Vorstellung und den Verstand. Ihr Unterschied begründet den Übergang von der alltäglichen Illusion zur *„anderen Wahrheitsnorm"* der objektiven Erkenntnis. Einfach zu sagen, daß es verschiedene Grade der Erkenntnis gibt, wäre jedoch keineswegs neu: Schon seit Jahrhunderten begnügt sich die Philosophie damit, dies zu wiederholen − und genau hiermit bricht Spinoza. Tatsächlich gab es in der Tradition der Erkenntnistheorie immer eine bestimmte Einheit des Erkennens, was nicht ausschloß, daß dieses in der Regel auf verschiedene Grade der Erkenntnis aufgeteilt wurde. Es ist unwichtig, ob diese Spaltung auf die Teilung zweier Welten (das Sinnliche/das Intelligible) oder auf zwei Arten, die Welt wahrzunehmen, bezogen wird. Ob man sich irrt, weil man dem Reiz des Sinnlichen erliegt oder weil man den Willen weiter als die natürliche Erkenntnis reichen läßt: in beiden Fällen gilt, daß das Verhältnis der Erkenntnisgrade hierarchisch gedacht wird: der Irrtum ist ein Fehler, ein Mangel, er ist wie ein Schatten der Wahrheit.

Dieser Status ist nicht unwichtig: Weil der Irrtum in bezug auf die Wahrheit nur als Verlust gedacht wird, kann sein eigener Inhalt nicht analysiert werden. Traditionellerweise begnügt man sich damit, den falschen Diskurs zu verwerfen, um sich dem wahren Diskurs zuzuwenden. Man versucht nicht, in ihm eine eigene Berechtigung, geschweige denn eine innere Logik zu entdecken. Ist der Irrtum einmal entlarvt, muß er sich angesichts der Wahrheit auflösen − ins Nichts zurückkehren, das er niemals hätte verlassen dürfen.

Nichts davon bei Spinoza: das Falsche ist weder ein Verlust, noch muß es aufhören zu existieren. Zwischen wahr und falsch gibt es zwar einen Bruch, aber die Notwendigkeit ist auf beiden Seiten gleich. Deshalb ist der Spinozismus auch die einzige Philosophie, die den Irrtum weder als Mangel noch als Sünde betrachtet, sondern vielmehr eine Theorie seiner Produktion formulieren kann: Wenn der Irrtum durch einen Prozeß produziert wird, der sich von dem zum Wahren führenden Prozess unterscheidet, so deshalb, weil er nicht dessen bloße Kehrseite ist.

Nehmen wir wieder das kartesianische Modell, denn in ihm denkt Spinoza die Tradition, die er bekämpft. Tatsächlich findet man im 2. Buch („*Von der Natur und dem Ursprung der Seele*") wahrscheinlich die meisten Anspielungen auf den Kartesianismus. Dieses sehr ausgearbeitete Modell setzt mehrere Kräfte ein: den Verstand, die Sinne und den Willen. Nur der Verstand gibt uns die wahre Erkenntnis der Dinge, und er muß sie uns geben, weil es in der natürlichen Erkenntnis keinen Irrtum gibt. Woher stammt dann das Falsche? Eigentlich hat es keine objektiven Ursachen: So kompliziert ein Problem auch sein mag, wir werden es immer lösen können, wenn wir es auf das beziehen, was in ihm einfach ist und durch intellektuelle Einsicht begriffen werden kann. Es genügt jedoch nicht zu sehen, was ist: man muß ihm auch zustimmen: was mir der Verstand zeigt, der also eine Art Blick ist, muß ich entweder ablehnen oder billigen. Auch die anderen Erkenntniskräfte – die Sinne und das Vorstellungsvermögen – stehen in der Ordnung des Blickes. Es ist der Wille, der endgültig zwischen ihnen entscheidet: Ich sage die Wahrheit, wenn der Wille die Grenzen des Verstandes nicht überschreitet; ich irre mich (oder ich sage zufällig die Wahrheit, was auf das gleiche hinausläuft), weil sich der Wille über die strengen Grenzen der natürlichen Erkenntnis hinauswagt. Letzten Endes hat der Irrtum also keine andere Ursache als den Willen selbst: dieser ist die radikale Geste eines Subjekts, die den Diskurs in die Wahrheit führt oder ihn einen falschen Weg beschreiten läßt. In den Dingen oder in unserer Natur gibt es nichts, das uns zum Irrtum zwingen würde. Der Irrtum ist also nichts durch sich selbst – und ein Beweis dafür ist, daß Descartes, der so häufig „Vorurteile" angreift, niemals versucht, eine Theorie ihrer Struktur zu erarbeiten; sie behindern die Erkenntnis, das ist alles, und deshalb müssen sie beseitigt werden. Der Mangelcharakter des Irrtums stützt sich hier also auf die Distanz zwischen Verstand und Willen und der vom Willen behaupteten Freiheit: diese Freiheit wird durch nichts gezwungen, und deshalb ist sie im Grunde für das Urteil verantwortlich.

Die Theorie Spinozas ist eine sorgfältige Dekonstruktion dieser Thesen.

Zunächst einmal: Einen Verstand und einen Willen als Vermögen der Seele gibt es nicht. Es sind dies nur „allgemeine Begriffe" (notiones universales), durch die wir eine große Zahl von Einzeldingen verbinden, indem wir ihre Unterschiede außer acht lassen. Für diese Begriffe gilt das gleiche wie für den Menschen im allgemeinen. *„Aus ähnlichen Ursachen sind ferner die Begriffe entstanden, die man ,allgemeine Begriffe' nennt, (...) nämlich weil im menschlichen Körper sich soviel Vorstellungsbilder z. B. von Menschen zugleich bilden, daß sie die Kraft des Vorstellens zwar nicht überhaupt, aber doch in so hohem Grade übersteigen, daß die Seele sich die geringen Unterschiede zwischen den einzelnen (also eines jeden Farbe, Größe usw.) und ihre bestimmte Anzahl nicht vorstellen kann, und sich nur das deutlich vorstellt, worin alle (...) übereinstimmen; (...) und dies drückt die Seele mit dem Wort Mensch aus, und legt es den unendlich vielen Einzelmenschen bei."*[38] Ebenso wie der Mensch sind Wille und Verstand „Vernunftwesen" (ens rationis), d.h. Fiktionen: tatsächlich existieren allein Individuen — die Menschen, die Ideen, die Wollungen.

„Woraus dann folgt, daß diese und ähnliche Vermögen entweder rein eingebildet oder doch weiter nichts sind als metaphysische oder allgemeine Wesen, wie wir sie aus den besonderen zu bilden pflegen. Es verhalten sich also hiernach Verstand und Wille zu dieser und jener Idee oder zu dieser und jener Wollung ebenso, wie

die Steinheit zu diesem und jenem Stein oder wie der Mensch zu Peter und Paul. "39

Aber eigentlich könnte man diesen absoluten Nominalismus noch akzeptieren und den kartesianischen Voluntarismus in seine Sprache übersetzen: Anstatt das Urteil auf den Verstand und den Willen im allgemeinen zu beziehen, würde es genügen, jedes Urteil in eine Vorstellung und eine elementare Affirmation oder Negation zu zerlegen; jedes Wollen wäre nun punktuell und doch nicht weniger grundsätzlich. Genau gegen eine solche Interpretation richten sich die Argumente Spinozas:

a) Die Annahme, daß die Idee ein Wollen benötigt, um sich zu bejahen, bedeutet , sie auf ein stummes, an sich kraftloses Bild zu reduzieren; die allgemeine Notwendigkeit kann jedoch nicht außerhalb eines Modus des Denkens bleiben: es kann keine ruhende Idee existieren. Dies zu glauben hieße, Denken als Malerei begreifen.

b) Der Irrtum tritt notwendigerweise ein. Man stimmt ihm nicht zu: er zwingt sich auf. Wir sehen die Sonne nicht freiwillig auf zweihundert Fuß Entfernung: Die Struktur unseres Körpers ist derart, daß wir sie uns nicht anders vorstellen können.

c) Ebensowenig vertreibt die Idee den Irrtum durch einen Akt unseres Willens: Sie drängt ihn zurück, weil sie stärker ist; sie erobert unsere Zustimmung, wie man eine Zitadelle erobert. In der *„Kurzen Abhandlung"* wird erklärt, *„daß es also niemals wir sind, die etwas von dem Ding bejahen oder verneinen, sondern das Ding selbst ist es, das etwas von sich in uns bejaht oder verneint.* "40

d) Im übrigen wird die falsche Idee nicht vertrieben, sondern von der wahren Idee *zurückgedrängt*: die sie produzierende Notwendigkeit besteht weiterhin, ihre Wirkung ist immer noch präsent; sie hat nur den Vordergrund der Szene, die von einer mächtigeren Notwendigkeit erobert wurde, verlassen.

Was läßt sich daraus schließen? Einerseits kann die Idee nicht vom Wollen getrennt werden: wenn sie wahr ist, bejaht sie sich selbst und benötigt keine ihr äußerliche Kraft: *„Denken wir uns daher eine einzelne Wollung, etwa den Modus des Denkens, durch den die Seele bejaht, daß die drei Winkel des Dreiecks gleich zwei rechten sind. Diese Bejahung schließt den Begriff oder die Idee des Dreiecks in sich, das heißt ohne die Idee des Dreiecks kann sie nicht begriffen werden. (. . .) Ferner muß diese Idee des Dreiecks eben dieselbe Bejahung in sich schließen, nämlich die Bejahung, daß seine drei Winkel gleich zwei rechten sind. (. . .) Folglich gehört diese Bejahung (. . .) zur Wesenheit der Idee des Dreiecks und ist nicht noch etwas anderes neben ihr. Und was wir von dieser Wollung gesagt haben, gilt (. . .) ebenso von jeder Wollung, nämlich daß sie nichts als die Idee ist.”* [41]

Andererseits verdankt das Bild seine Bedeutung nicht einer reinen Illusion, sondern seiner eigenen Produktion. Das Bild ist nicht die einfache Abwesenheit der Idee, ihr Fehlen oder die Erwartung ihrer Präsenz: auch das Bild wird durch die allgemeine Notwendigkeit bestimmt. Deshalb verschwindet es auch nicht, wenn sich die Idee durchgesetzt hat —es gilt nur nicht mehr als adäquate Erkenntnis. Es ist ein Bild, weil es durch die Disposition des Körpers produziert wurde — und weiterhin produziert wird. Zum Irrtum wird es nur, wenn es in eine Leere der Ideen tritt. Entgegen der gesamten klassischen Tradition ist die Falschheit also kein einfacher Mangel an Erkenntnis: sie ist eine·Präsenz, die eine verschobene Rolle spielt. *„Nun aber kann die Falschheit nicht in einem völligen Mangel bestehen (denn von Seelen und nicht von Körpern sagt man, daß sie irren und sich täuschen) und ebensowenig in völliger Unwissenheit, denn Nichtwissen und Irren ist durchaus nicht dasselbe. Daher besteht sie in dem Mangel an*

Erkenntnis, den die inadäquate Erkenntnis oder die inadäquaten und verworrenen Ideen in sich schließen. "42

Ein Beispiel kann dies verdeutlichen: "*Ebenso stellen wir uns, wenn wir die Sonne ansehen, vor, daß sie ungefähr zweihundert Fuß von uns entfernt sei; dieser Irrtum besteht nicht in der Vorstellung für sich allein, sondern darin, daß wir, indem wir uns die Sonne solchergestalt vorstellen, dabei ihre wahre Entfernung und die Ursache dieser Vorstellung nicht wissen. Denn wenn wir auch nachher erkennen, daß sie über 600 Erddurchmesser von uns entfernt ist, so werden wir sie uns nichtsdestoweniger noch immer als nah vorstellen*".43 Die Sonne der Astronomie hat also die Sonne der Sinne zurückgedrängt, weil sie mehr Kraft als diese besitzt; trotzdem konnte sie sie nicht verschwinden lassen. Indem man die Einheit der Erkenntnis zerbricht, d. h. indem man jeder Erkenntnisgattung eigene Ursachen zuweist, bewirkt man, daß der Irrtum nicht mehr als ein Nichts aufgefaßt wird, sondern erklärt werden kann: das Terrain einer Theorie der Ideologie ist erschlossen.

Zunächst aber muß der physische Unterbau dieser Kräfteverhältnisse analysiert werden. Der Ausgangspunkt ist die Konstitution des Menschen als Modus der Ausdehnung — als Körper — und zugleich als Modus des Denkens — als Geist. Die Wirkungskraft jedes Modus hängt sowohl vom Handeln Gottes als auch vom Handeln der anderen endlichen Modi ab, die zu dem gleichen Attribut gehören: es gibt kein Handeln von einem Attribut zum anderen. Das Problem der Beziehungen zwischen Körper und Seele ist also aufgehoben. Körper und Ideen unterliegen der *gleichen* kausalen Ordnung (der gleichen, weil sich die verschiedenen Attribute in einer einzigen Substanz ausdrücken), oder, wie Spinoza sagt, die Denkkraft entspricht der Wirkungskraft. Je mehr also ein Körper sich bewegen, andere Körper affizieren und von ihnen affiziert werden kann, desto mehr Dinge kann der ihm entsprechende Geist erfassen —

ohne daß dabei ein Verhältnis von Ursache und Wirkung eingreift. Später wird man dies als „Parallelismus" bezeichnen. Diese These gilt für jeden Körper (Spinoza gibt der Menschheit kein Privileg), aber einige dieser Körper sind sehr komplex: dies gilt zumal für den Menschen. Er kommt mit zahlreichen anderen Teilen der Natur in Berührung. Was wird dabei in seinem Geist vorgehen?

Meistens wird die der Sache entsprechende Idee keine wirkliche Erkenntnis der Sache, sondern eine Erkenntnis der Beziehung zwischen dem Körper und der Sache ergeben: Da sie die Idee ihrer Begegnung ist, drückt sie diese Begegnung und nicht allein die Natur des betreffenden Gegenstandes aus. Die zweihundert Fuß entfernte Sonne ist die Idee der Begegnung von Sonnenstrahlen und meinem Auge: die Sinne täuschen also nicht. Nur darf man dieses Bild nicht für eine adäquate Idee der Sonne, wie sie ist, halten. Genau dies formulieren der 16. Lehrsatz und seine Folgesätze im 2. Buch:

„*Lehrsatz 16: Die Idee jeder Art von Affektion, die der menschliche Körper von äußeren Körpern erleidet, muß die Natur des menschlichen Körpers und zugleich auch die Natur des äußeren Körpers in sich schließen.*
Beweis: Alle Arten von Affektion, die ein Körper erleidet, folgen (. . .) aus der Natur des affizierten und zugleich aus der Natur des affizierenden Körpers; ihre Idee muß also (. . .) notwendig die Natur beider Körper in sich schließen; und folglich schließt die Idee jeder Art von Affektion, die der menschliche Körper von einem äußeren Körper erleidet, die Natur des äußeren Körpers in sich. (. . .)
Folgesatz 1: Hieraus folgt erstens, daß die menschliche Seele die Natur sehr vieler Körper zusammen mit der Natur ihres eigenen Körpers wahrnimmt.
Folgesatz 2. Es folgt zweitens, daß die Ideen, die wir von äußeren Körpern haben, mehr den Zustand unseres

Körpers, als die Natur der äußeren Körper anzeigen". 44
Andererseits haben alle Dinge gemeinsame Aspekte:
den Raum, die Bewegung, die Ruhe usw. Diese Aspekte
wird die Seele auf notwendig adäquate Weise wahrneh-
men, *„und zwar sowohl insofern sie sich, als insofern
sie ihren eigenen oder irgend einen äußeren Körper
wahrnimmt".* Hierin liegt also der Beginn einer neuen
Kette: Ebenso wie das Vorstellungsvermögen aus den
durch die Begegnung von menschlichem Körper und
äußeren Dingen produzierten notwendig inadäquaten
Ideen eine Reihe von untereinander kohärenten und
aufeinander verweisenden inadäquaten Ideen gewann,
wird auch der Verstand von „Gemeinbegriffen" (notiones communes) ausgehend adäquate Ideen produzieren: die Erkenntnis zweiter Gattung wird durch diese
neue Kette begründet. Sie ist ebenso notwendig wie die
erste und wie sie in der Komplexität des menschlichen
Körpers begründet. Lesen wir den 39. Lehrsatz des 2.
Buches: *„Was dem menschlichen Körper und einigen
äußeren Körpern, von denen der menschliche Körper
affiziert zu werden pflegt, gemeinsam und eigentümlich ist, und was gleichermaßen im Teil eines jeden
dieser äußeren Körper wie im Ganzen ist, davon wird
auch in der Seele eine adäquate Idee sein. Folgesatz:
Hieraus folgt, daß die Fähigkeit der Seele mehrerlei
adäquat wahrzunehmen um so größer ist, je mehr ihr
Körper mit anderen Körpern gemein hat."* Welche
Gemeinbegriffe sind dies? Es sind die, die der
mathematischen Physik als Grundlage dienen, von der
uns Spinoza gesagt hat, daß sie das Menschengeschlecht
von der finalistischen Illusion befreit hat, indem sie
ihm eine andere Wahrheitsnorm zeigte. Der Diskurs
kommt zum Abschluß: Die in Ausdrücken der Notwendigkeit durchgeführte Analyse der Produktion der Erkenntnisse läßt das offen zutagetreten, was sie selbst
ermöglicht hat. Raum, Ruhe, Bewegung: diese Gemeinbegriffe begründen einen rigorosen Diskurs, der ein Mo-

dell jeder theoretischen Strenge ist. Mit der gleichen Sicherheit, mit der der Körper anderen Dingen der Natur begegnet, wird das Vorstellungsvermögen zwar weiterhin inadäquate Ideen produzieren; aber diese Ideen werden nunmehr mit viel stärkeren Ideen kollidieren; den Begriffen des Verstandes.

Wir können jetzt erneut auf jene dem falschen Diskurs zugestandene Konsistenz zu sprechen kommen. Er geht in seinem Gegenteil nicht unter: er hat seine eigenen Produktionsregeln und Regeln überhaupt: er ist mit einer Praxis verbunden, der er notwendig entspricht (er drückt diese Praxis aus, auch wenn sie ihn nicht hervorbringt). Man versteht jetzt, warum Spinoza sein *Anderes* so deutlich beschreiben kann: das Andere ist nichts, das außerhalb seines Textes liegt, und auch kein bequemes Darstellungsmittel — das Denken des Anderen ist im System enthalten. Man denke dagegen einmal an die Haltung Descartes: Er erinnert geringschätzig an seine Vorläufer, ohne sich jedoch die Mühe zu machen, den Inhalt ihrer Diskurse zu analysieren. Ebenso wird Kant verfahren: Im Vorwort zur „Metaphysik der Sitten" wird er sogar behaupten, daß eine Lehre nur dann einen Anspruch auf Wahrheit erheben kann, wenn sie unterschiedslos alles, was ihr vorhergeht, verwirft. Für das gesamte klassische Denken ist die *Geschichte* des Denkens ohne Bedeutung.

Für Spinoza dagegen besitzt sie einen Sinn. Nicht, weil sie ein zu integrierendes Moment darstellt — es gibt keine Macht des Negativen —, sondern weil sie jene zählebige und ständig produzierte Verkettung ist, aus der man sich lösen muß, und um sich aus dieser Kette lösen zu können, muß man sie zunächst freilegen. Notwendigkeit ihrer Produktion, Notwendigkeit ihrer inneren Kohärenz, Notwendigkeit einer Analyse, um sie zu zerstören: Die spinozistische Theorie des Irrtums errichtet gegen die philosophische Traditionen vor und nach Spinoza diese dreifache Materialität.

Man könnte allenfalls eine Ausnahme nennen: Bachelard. Auch bei ihm ist der Komplex Empfindungen/Bilder der „gewöhnlichen Erkenntnis" etwas anderes als das einfache Gegenteil der wissenschaftlichen Erkenntnis: Die gewöhnliche Erkenntnis hat ihre eigenen Figuren, Grundmuster und ihre eigene substantialistische Mythologie. Vor allem ist sie in den Praxen des Alltagslebens verankert (und unter diesem Gesichtspunkt könnte man sich fragen, ob die Praxis des Laboratoriums nicht das theoretische Äquivalent des Zusammentreffens der Gemeinbegriffe mit dem menschlichen Körper darstellt). Schließlich muß auch sie sorgfältig zerstört werden, nicht mit dem illusorischen Ziel, sie verschwinden zu lassen (sie entsteht unaufhörlich neu, solange das Leben dauert, das sie notwendig reproduziert), sondern um ihr ihre Wirksamkeit als epistemologisches Hindernis zu nehmen. Daher der Rückgriff auf eine „Psychoanalyse der objektiven Erkenntnis", deren Verfahren eine minutiöse Beschreibung des Anderen der Wissenschaft ist: eine Vorbedingung, um ihre Anziehungskraft zu brechen.*

Eine weitere Ausnahme: einige Hinweise von Marx, die von Lenin — z. B. in „Was tun" — weiterentwickelt wurden. Hier findet man den Gegensatz zwischen dem Historischen Materialismus und der spontanen Ideologie des Proletariats, einer Ideologie, die nicht als einfache Abwesenheit der Wissenschaft gedacht wird, sondern eine eigenen Kohärenz (die des Reformismus, der eklektischen Illusion, der Lähmung der Widersprüche) und eine materielle Verankerung besitzt: die Klassenherrschaft, die Apparate, die diese durchsetzen, einen gewerkschaftlichen Kampf, der sich diesem Rahmen anpaßt. Auch hier läßt sich eine Theorie der Ideologie nur deshalb erarbeiten, weil man der Ideologie zunächst

---

* Zu Gaston Bachelard vgl. Dominique Lecourt: Zur Kritik der Wissenschaftstheorie (Bachelard, Canguilhem, Foucault), Westberlin 1975. (A.d.Ü.)

eine bestimmte Materialität zuerkannt und ihren Bruch mit dem Anderen nicht bloß auf der Ebene des Inhalts abgesteckt hat.

Es mag willkürlich erscheinen, hier den Philosophen der Wirkungskraft, den bolschewistischen Führer und den Epistemologen zu vergleichen. Aber dies ist kein Zufall: Ihre Verbindung ist einfach das Zeichen einer gemeinsamen Verwerfung der herrschenden Ideologie der Erkenntnis. In allen drei Perspektiven werden die Erkenntnisse gedacht, ohne sie auf ein Subjekt zu beziehen: Der Weg, um außerhalb der klassischen Transparenz eine Theorie des falschen Diskurses zu konstruieren, ist damit gebahnt.

5. Begehren, Leidenschaften, Vernunft

Die Akteure sind beschrieben, das Schauspiel kann beginnen. Das Schauspiel, denn im klassischen Zeitalter ist es sicherlich ein Theater, das, noch bevor es einen schwerfälligen experimentellen Apparat gibt, die Stelle der „Psychologie" vertritt. Ein Theater, auf dem sich die Leidenschaften und die Vernunft permanent bekämpfen. Da das eine das Gegenteil des anderen ist, gibt es an diesem Ort zwei symmetrische Entscheidungen: Der Libertin weigert sich, sich den Forderungen der Vernunft zu fügen und wendet sich den Leidenschaften zu; der Moralist oder der Weise beherrscht seine Leidenschaften, um ihre Absichten mit den entgegengesetzten Zielsetzungen der Vernunft zu konfrontieren. Entscheidend ist die Beherrschung: der Triumph der Tugend besteht in der Beschränkung; sie ist das Opfer, das das vernünftige Leben so beschwerlich macht und eben dadurch besonders auszeichnet.

Betrachten wir, wie das Stück bei Descartes gespielt wird. Einmal mehr ist es bei ihm der freie Wille, der die Teilung vornimmt; der freie Wille wählt zwischen dem Weg der Vernunft und dem Weg der Unterwerfung unter den Körper. Denn da für den Autor der „Leidenschaften der Seele" durch die Vermittlung der Zirbeldrüse eine Wirkung der Seele auf den Körper und umgekehrt besteht, wird der Sinn dieser Kausalität die Bereiche abstecken: Man lebt vernünftig, wenn der Geist dem Körper seinen Willen vorschreibt; beherrscht dagegen der Körper den Geist, verfällt man einem Leben der Leidenschaft. Es gibt keinen Mittelweg: eines muß herrschen, das andere muß nachgeben. Natürlich kann der Wille letzten Endes nicht von außen verändert werden; natürlich muß er manchmal abwegige Mittel benutzen, wenn er sich z. B. „Vorstellungen von Dingen" hingibt, „die mit den beabsichtigten Zuständen gewöhnlich verbunden sind, und die denen entgegen sind, die wir beseitigen wollen." Er ist jedoch unter allen Umständen souverän, und durch ihn könnten die Menschen „eine unbedingte Herrschaft über ihre Leidenschaften gewinnen, wenn nur auf ihre Erziehung und Leitung die nötige Sorgfalt verwendet wird."[45] Deshalb wird Spinoza in diesem Punkt Descartes mit den Stoikern vergleichen, die „*meinten, die Affekte wären von unserem Willen unbedingt abhängig, und wir könnten ihnen unbedingt gebieten*". Descartes habe geglaubt, daß wir imstande sind, „*mit jedem Willen jedwede Bewegung der (Zirbel-)Drüse und folglich auch der Lebensgeister* (es handelt sich um „Lebensgeister", die den Körper bewegen P.-F. M.) *zu verbinden, und da die Bestimmung des Willens allein von unserer Gewalt abhängt, so werden wir demnach eine unbedingte Oberherrschaft über unsere Leidenschaften dann erlangen, wenn wir unseren Willen durch gewisse und feste Urteile bestimmen, nach denen wir unsere Handlungen im Leben regeln wollen, und wenn wir mit diesen Urteilen die Bewegungen der Leidenschaften, die wir haben wollen, verbinden.*"[46]

Aber entgegen der Meinung Descartes und der Stoiker hängt die Determination des Willens nicht von unserer Macht ab. In der Theorie der Gefühle und der Moral wird diese Ablehnung wieder auftauchen: Zwischen Vernunft und Leidenschaften kann man nicht freier wählen als zwischen der adäquaten Idee und dem Bild; das eine oder das andere setzt sich durch im Zusammenhang mit einem Kräfteverhältnis. Diese Substituierung der Freiheit durch die Notwendigkeit wird natürlich in Begriffen der Wirkungskraft erfolgen; die Unterscheidung zwischen Vernunft und Leidenschaften wird dadurch nicht aufgehoben, sondern auf die verschiedenen Grade dieser Wirkungskraft bezogen. Die Leidenschaften, die nur inadäquaten Ideen entsprechen, lassen uns nicht unsere größte Wirkungskraft erreichen; nur die Vernunft

— das Wesen unseres Geistes, insofern er klar und deutlich begreift — bestimmt uns zu Handlungen, die der Notwendigkeit unserer eigenen Natur folgen.

Welche gemeinsame Tendenz aber realisieren Leidenschaften und Vernunft mehr oder weniger wirksam? Aus der Ontologie des 1. Buches wird deduziert, daß *„jedes Ding strebt, soviel an ihm ist, in seinem Sein zu beharren".* Der Geist wird dieses Bestreben weiterführen, ob er nun adäquate Ideen hat oder nicht. Man kann nun die Begierde definieren: *„Begierde ist des Menschen Wesenheit selbst, sofern diese begriffen wird als durch jede gegebene Affektion ihrer bestimmt, etwas zu tun. (...) Hier verstehe ich also unter dem Wort Begierde jedes Streben, jeden Drang, jeden Trieb, jede Wollung, die je nach dem verschiedenen Zustand des selben Menschen verschieden und nicht selten einander dergestalt entgegengesetzt sind, daß der Mensch nach verschiedenen Richtungen hingezogen wird und nicht weiß, wohin er sich wenden soll."*[47] Nicht unser freies Urteil läßt uns ein Ziel wählen und es dann unserem Körper aufzwingen. Im Gegenteil, in unserem Geist und unserem Körper gibt es eine notwendige Tendenz zu diesem Ziel hin, und es ist diese Tendenz, die uns dazu determinieren wird, diese Sache gut zu finden: *„Aus diesem allen geht nun hervor, daß wir nach nichts streben, nichts wollen, nichts erstreben, noch begehren, weil wir es als gut beurteilen, vielmehr umgekehrt, daß wir etwas darum als gut beurteilen, weil wir danach streben, es wollen, erstreben und begehren."*[48] Nicht der freie Wille, sondern die notwendige Disposition des Körpers und des Geistes führt uns also zum Wollen. Damit ist die klassische Transparenz, das Subjekt, das Herr seiner Determinationen ist, beseitigt. Zwar bin ich mir meiner Begierde bewußt. Aber wenn ich begehren kann, ohne zu wissen, warum ich begehre, so deshalb, weil das Denken zu großen Teilen das, was mir gegenwärtig ist, überschreitet. Oder wenn man eine sehr viel spätere

Terminologie vorzieht: Das Psychische ist nicht auf das Bewußte beschränkt.

Nicht zufällig kann man diesen Vergleich ziehen. Wenn die Psychologie vor Freud in einem kartesianischen Rahmen gedacht werden kann, so kann die Psychoanalyse nur in einer spinozistischen Perspektive gedacht werden. Zwischen beiden Lehren gibt es zahlreiche Berührungspunkte, und wie wir sehen werden, wird ihre offensichtliche Nähe durch eine gemeinsame Tiefenposition ermöglicht. Zitieren wir z. B. jene erstaunlichen Texte, in denen die Macht des vom Geist unabhängigen Körpers und die Abwesenheit einer Willenskontrolle bei zahlreichen Handlungen bejaht werden: *,,Allerdings, was der Körper vermag, hat bisher noch niemand festgestellt, das heißt noch niemand hat bisher bei der Erfahrung darüber Aufschluß erhalten, was der Körper bloß nach den Gesetzen der Natur, sofern sie nur als körperlich angesehen wird, zu tun vermag, und was er nicht vermag, außer wenn die Seele ihn bestimmt. Denn bisher kennt noch niemand den Bau des Körpers so genau, daß er alle seine Funktionen erklären könnte, davon zu geschweigen, daß man bei den Tieren vieles beobachtet, was die menschliche Sinnesschärfe weit übersteigt, und daß die Nachtwandler im Schlafe vieles tun, woran sie sich im wachen Zustand nicht wagen würden. Woraus zur Genüge hervorgeht, daß der Körper für sich bloß nach den Gesetzen seiner Natur vieles vermag, worüber seine eigene Seele sich wundert. (...)*

Nun werden sie aber sagen: ob sie wüßten oder nicht wüßten, durch welche Mittel die Seele den Körper bewegt, jedenfalls machten sie doch die Erfahrung, daß der Körper unregsam wäre, wenn die Seele unfähig wäre, eine Handlung auszudenken. Sodann machten sie die Erfahrung, daß es in der alleinigen Gewalt der Seele stünde, zu reden und zu schweigen und vieles andere zu tun, wovon sie infolgedessen glauben, daß es von dem Beschluß der Seele abhängt.

Was nun das erste anlangt, so frage ich sie, ob die Er-
fahrung nicht ebenfalls lehrt, daß auch umgekehrt, wenn
der Körper unregsam ist, zugleich die Seele unfähig zum
Denken ist? Denn so lange der Körper im Schlafe ruht,
bleibt die Seele mit ihm zugleich im Schlummer und
hat nicht, wie im wachen Zustand, das Vermögen, sich
etwas auszudenken. (...)

Was ferner den zweiten Punkt anlangt, so würde es
ja sicherlich um die Angelegenheiten der Menschen weit
besser bestellt sein, wenn es gleichermaßen in des Men-
schen Gewalt stünde, zu schweigen wie zu reden. In-
dessen lehrt die Erfahrung genug und übergenug, daß
die Menschen nichts so wenig in ihrer Gewalt haben als
ihre Zunge, und nichts so wenig vermögen als ihre
Triebe zu bemeistern. Daher ist es gekommen, daß die
meisten Menschen glauben, wir täten bloß das freiwillig,
wozu wir uns gelinde angetrieben fühlen, weil der Trieb
nach solchen Dingen durch die Erinnerung an ein ande-
res Ding, an das wir häufig zurückdenken, leicht be-
schwichtigt werden kann; dagegen gänzlich unfreiwillig
täten wir das, wozu wir uns von einem großen Affekte
angetrieben fühlen, der sich durch die Erinnerung an
ein anderes Ding nicht beruhigen läßt. Ja, wenn sie
nicht die Erfahrung gemacht hätten, daß wir vieles tun,
was wir nachher bereuen, und daß wir oft, wenn ent-
gegengesetzte Affekte uns bedrängen, das Bessere sehen
und dem Schlechteren folgen, dann würde sie nichts
abhalten, sogar zu glauben, wir täten alles freiwillig.
So glaubt das Kind, es erstrebe freiwillig die Milch;
ebenso der zornige Knabe, er wolle freiwillig Rache,
und der ängstliche, er wolle freiwillig die Flucht. Im-
gleichen glaubt der Trunkene, er rede infolge eines
freien Beschlusses seiner Seele, was er nachher in nüch-
ternem Zustand lieber verschwiegen haben wollte. So
glauben Wahnsinnige, Schwätzerinnen, Knaben und
die vielen sonstigen Leute dieses Schlages, infolge eines
freien Beschlusses ihrer Seele zu reden, während sie

doch bloß dem Drang zu reden, den sie haben, nicht zu widerstehen vermögen. "[49] Die Rede, die auf diese Weise dem Wollen entgeht, wird nicht bedeutungslos: Im Gegenteil, man bereut sie, gerade weil sie einen gefährlichen Sinn einschreibt. Weil sie eine Ursache hat, kann sie begriffen werden, und zwar von denen, die diese Ursache kennen. Aber wer die Rede hält, verfügt über kein Privileg, zu dieser Kausalität zu gelangen: Es gibt kein Subjekt mehr. Diese Suche nach der unbekannten aber notwendigen Ursache einer sichtbaren Wirkung ist, in der Freudschen Terminologie, die Interpretation. Anna O. kontrolliert ebensowenig diese Wirkungen, die ihre Symptome sind, wie das Kind oder der betrunkene Mann; und alleine hätte sie jenen ursprünglichen Ekel, der sie trotz ihres Durstes das Glas Wasser, das man ihr reichte, zurückweisen ließ, nicht wiedergefunden. In der Perspektive der voluntaristischen Reflexion ist es undenkbar, daß sich in meinen Körper buchstäblich das einschreibt, was ich nicht gewollt habe und das dennoch notwendig ist. Diese Perspektive dominierte jedoch noch im 19. Jahrhundert: Sie erklärt die Widerstände, auf die die entstehende Psychoanalyse traf. Der Bannfluch, mit dem sie belegt wurde, verdoppelt nur den Ausschluß des Spinozismus aus dem Feld des Wissens.

Was Spinoza und Freud in ihrer Analyse der Religion annähert, ist ihre Entdeckung, daß das Begehren nicht auf das Bewußtsein zurückgeführt werden kann: In beiden Fällen bezieht sich der Terminus Illusion zugleich auf die Idee des Irrtums und auf die Idee der Notwendigkeit. Keiner von beiden betrachtet die Illusion als eine bloße Verwirrung: „Die Illusion", schreibt Freud, „ist nicht dasselbe wie ein Irrtum. (...) Für die Illusion bleibt charakteristisch die Ableitung aus menschlichen Wünschen"[50]. Beide setzen diesem Vorgehen die rigorose Suche nach der Ursache entgegen — weil beide glauben, daß eine Ursache existiert, selbst außerhalb des bewußten Feldes. Und schließlich kann dieser gemeinsame Ausschluß des Zufalls nur deshalb den Zugang zur Kausalität bahnen, weil man zuvor jeden Versuch zurückgewiesen hat, das Wissen im Namen der Unwissenheit abzulehnen — jener letzten Zuflucht des Obskurantismus. Gegen die Theologen erklärt Spinoza: *„Ich darf hier auch nicht daran vorübergehen, daß die Anhänger dieser Lehre, die durch Angaben über die Zwecke der Dinge ihren Geist glänzen lassen wollen, um diese ihre Lehre zu begründen ein ganz neues Beweisverfahren aufgebracht haben, nämlich die Zurückführung nicht aufs Unmögliche, sondern auf die Unwissenheit; was denn zeigt, daß sie über kein anderes Beweismittel für diese Lehre verfügten."*[51] Und Freud sagt in nahezu den gleichen Begriffen: „Die Unwissenheit ist die Unwissenheit; kein Recht, etwas zu glauben, leitet sich aus ihr ab."

Schließlich läßt sich von der spinozistischen Theorie des Urteils als einem Kräfteverhältnis her die Rolle der Kur und ihre Funktionsweise erklären. Die Notwendigkeit des Phänomens Übertragung/Gegenübertragung unterstreicht die Tatsache, daß die Wahrheit, um zu siegen, eine Kraft besitzen muß. Sollen die während der Therapie ans Tageslicht gebrachten Wahrheiten wirklich eine Wirkung haben, müssen sie in einer Beziehung ausgesprochen werden, die das Unbewußte des Analysanden einbezieht. Darin liegt sicherlich ein Unterschied zur These der *„Ethik"*: Dort besitzt die wahre Idee eine innere Kraft, während für den Freudschen Diskurs die Trennung von Wahrheit und Analytiker unumgänglich ist. Daß man ihn trotzdem nicht entbehren kann, beweist, daß man die analytische Kur ein wenig vorschnell als eine Heilung durch Erkenntnis charakterisiert hat (übrigens wird auch der Spinozismus häufig auf ein „Heil durch die Erkenntnis" reduziert): In beiden Fällen sollte man eher sagen, daß der Erfolg von der *Kraft* der Erkenntnis abhängt.

Diese Annäherung beabsichtigt nicht, über einen möglichen Einfluß Spinozas auf Freud zu spekulieren. Wichtig ist allein, daß die Logik des analytischen Diskurses selbst die Reduktion des Denkens auf das freie Bewußtsein ausschließt, daß er also nicht in einem Raum artikuliert werden kann, der auf diesem freien Bewußtsein beruht: Ebenso wie die spinozistische Wirkungskraft verbietet es der Begriff des Unbewußten und die damit verbundenen Begriffe (Widerstand, Verdrängung usw.), das Subjekt als Herr seiner Determinationen anzusehen. Man kann daher im Bereich der Analyse fast überall Berührungspunkte mit den Thesen der *„Ethik"* wiederfinden: sie erweitern nur die gemeinsamen Ausgangspositionen.

Kommen wir auf das Begehren zurück. Wenn sich jedes Individuum durch sein Streben nach Sein, d. h. nach Handeln definiert, so kann man in seinen Affektionen solche unterscheiden, die seine Wirkungskraft steigern, und solche, die sie vermindern. Die Tatsache, daß sich bei jeder Affektion des Körpers, d. h. bei jeder Begegnung, in der er durch einen anderen Körper modifiziert wird, die Denkkraft parallel zur Wirkungskraft entwickelt, entspricht einer Steigerung oder Verminderung der Denkkraft unseres Geistes. Die beiden grundsätzlichen Affekte werden also *Freude* und *Trauer* sein. Im weiteren Verlauf des 3. Buches werden die anderen Affekte von diesen elementaren Affektionen ausgehend zusammengesetzt: die Freude, die Trauer und die Begierde selbst. So wird z.B. die Liebe definiert als *„Freude, begleitet von der Idee einer äußeren Ursache"*, die Hoffnung als *„eine unbeständige Freude, die aus der Idee eines zukünftigen oder vergangenen Dinges entspringt, über dessen Ausgang wir in gewisser Hinsicht zweifelhaft sind"*, die Unschlüssigkeit der Seele als eine Mischung von zwei ursprünglichen Leidenschaften (*„Wenn wir uns vorstellen, daß ein Ding, das uns in einen Affekt der Trauer zu versetzen pflegt,* *irgendwelche Ähnlichkeit mit einem anderen Ding hat, das uns in einen gleich großen Affekt der Freude zu versetzen pflegt, dann werden wir es hassen und zugleich lieben.").* Es lassen sich nun allgemeine Sätze formulieren, die das menschliche Verhalten von der Notwendigkeit dieser Gefühle und ihrer Zusammensetzung her denken. Dem gesamten menschlichen Leben, sowohl dem, was man gewöhnlich „gut" nennt, als auch dem, was man als „schlecht" verurteilt, werden in dieser notwendigen Systematik Stellungen zugewiesen. Der Mensch wird nicht mehr als „Staat in einem Staate", sondern als einer der Herrschaftsbereiche der Notwendigkeit betrachtet: Die Wirkungskraft bleibt weiterhin bestehen. Sie beherrscht die Gefühle und läßt sie überhaupt erst existieren, d. h. ihre notwendigen Konsequenzen produzieren, z. B. Liebe, Hass, Furcht, den Gewissensbiss — und die diese begleitenden Handlungen. In diesem unentwirrbaren Netz von verbundenen Ursachen wird der Mensch, zumindest zu großen Teilen, von außen determiniert. Er ist also nicht frei, weder im kartesianischen (illusorischen) noch im spinozistischen Sinne des Wortes: Die ihn bestimmende Notwendigkeit ist nicht, wie bei Gott, nur eine innere Notwendigkeit. Dies hat zwei Konsequenzen: Der Mensch kann seinen Leidenschaften nicht entrinnen, d. h. der Einwirkung der Äußerlichkeit auf ihn. Aber man kann ihm diese Leidenschaften nicht vorwerfen, denn dieser Vorwurf setzt einen freien Willen voraus, entzieht den Menschen also dem allgemeinen Gesetz, das allein ihn seinen Leidenschaften ausliefert. Die traditionelle Moral sägt also den Ast, auf dem sie sitzt, selbst ab: Sie will die menschliche Ohnmacht verurteilen, aber diese Ohnmacht existiert nur durch Notwendigkeit. *„Es ist unmöglich, daß der Mensch kein Teil der Natur sei, und daß er bloß solche Veränderungen erleiden könne, die durch seine Natur allein eingesehen werden können und deren adäquate Ursache er ist. (. . .)*

Hieraus folgt, daß der Mensch notwendigerweise immer Leidenschaften unterworfen ist, und daß er der gemeinsamen Ordnung der Natur folgt und ihr gehorcht und sich ihr, soweit die Natur der Dinge es verlangt, anpaßt. "[52]

Daß die Leidenschaften damit als Eigenschaften der menschlichen Natur deduziert werden, wird einen Skandal provozieren: bedeutet es doch das Ende der Verantwortlichkeit, auf der Moral und Recht begründet werden. Spinozas Briefpartner Oldenburg wird ihn darauf aufmerksam machen: Wenn alles notwendig ist, gibt es weder Verdienste noch Fehler, weder Belohnungen noch Strafen. „Wenn wir Menschen nämlich in allen unseren Handlungen, moralischen und physischen, so in der Gewalt Gottes sind, wie Ton in der Hand des Töpfers, mit welchem Rechte kann da, frage ich, jemand von uns angeklagt werden, weil er so oder so gehandelt hat, da es ihm doch ganz unmöglich war, anders zu handeln."[53] Spinozas Antwort ist brutal: *„Der Hund, der durch einen Biß toll wird, ist zwar zu entschuldigen und doch wird er mit Recht erstickt.*"[54] Eine Antwort, die für die voluntaristische Ideologie noch schonungsloser und unerträglicher ist als die Gefahr, die sie abwehrt (dies beweist die Antwort Oldenburgs: er spricht von „Grausamkeit". . .). Denjenigen, die ihm sagen: Durch Ihre Lehre der allgemeinen Notwendigkeit schaffen Sie die freie Entscheidung ab, und damit entziehen Sie Gott und der Gesellschaft das Recht auf Strafe, scheint Spinoza zu entgegnen: Beruhigen Sie sich, auch ich erkenne an, daß man die Macht (d. h. in einem Sprachgebrauch, der nicht der Ihre ist, das Recht) zu töten besitzt; aber verwerfen Sie die Illusion, daß derjenige, den man tötet, es durch seine freie Wahl verdient hat: Er war ebensowenig frei, seinen Leidenschaften zu entrinnen, wie einer Seuche. In einer spinozistischen Gemeinschaft läßt sich eine Rechtsinstitution beibehalten — aber nur, wenn man den Diskurs aufgibt, der sie normalerweise rechtfertigt. Wenn man den, der eine Gefahr darstellt, unterdrückt, so nicht, weil er es „verdient" hat, sondern weil man ihn mit der gleichen Notwendigkeit unterdrücken muß, die er selbst benötigte, um sein „Verbrechen" zu begehen. Diese Präzisierung beruhigt den Verfechter des freien Willens, Oldenburg, selbstverständlich nicht: Was die allgemein verbreitete Illusion in seiner Person beansprucht, ist nicht das der Gesellschaft zuerkannte Recht zu Töten — das nimmt sie sich sowieso —, sondern eine Rechtfertigung dieses Rechts. Daß Spinoza die Praxis billigt, aber das zerstört, was diese Praxis normalerweise beschönigt, ist noch erschreckender, als wenn er sich darauf beschränkte, diese gleiche Praxis aus moralischen Gründen zu verurteilen, denn damit bliebe er auf dem gleichen Terrain. Was Oldenburg hier nicht akzeptieren kann, ist im Grunde das, was die Theoretiker des Liberalismus bei Machiavelli für unmoralisch hielten: daß man den Diskurs ihrer Praxis, und nicht den ihrer Ideologie hält. Weder Machiavelli noch Spinoza bekämpfen die bürgerliche Gesellschaft, aber sie erklären sie — und dies ist wohl schon zu viel. Die Ideologie des Subjekts benötigt einen Diskurs über den Tod — selbst wenn es ein Diskurs gegen den Tod ist. Undenkbar ist es, daß man ihre Wahrheit ausspricht: den Tod ohne Phrasen.

Ist das Universum der Leidenschaften entworfen, bleibt die heikle Frage ihrer Beziehung zur Vernunft. Wenn die Leidenschaften unabwendbar sind, kann es keine freie Bekehrung zu einem vernünftigen Leben geben: Weise ist nicht der, der weise sein will. Sagen wir es gleich: Die Vernunft stellt sich nicht der Natur entgegen, weder in ihrer Produktion noch in ihren Forderungen.

Ihre Produktion: Die Herrschaft der Leidenschaften unterstellt den Menschen der Knechtschaft, und da er ein wesentlicher Teil der Natur ist, besitzt er kein Mittel, sich von ihr durch eine radikale Trennung zu lösen. Der

Ursprung der Vernunft liegt nicht in einem Schritt aus der Natur heraus, sondern in einer natürlichen Produktion. Denn man darf nicht vergessen, daß die zufällige Begegnung der Körper zwar eine Reihe von Bildern produziert, aber auch eine Reihe von Gemeinbegriffen, die am Beginn der Deduktion der Ideen stehen. Mit der gleichen Geste gelangt man auch vom leidenschaftlichen zum vernünftigen Leben: In dem Maße, in dem der Geist beginnt, die Phänomene adäquat zu begreifen, wird er immer weniger der äußeren Kausalität unterworfen; er produziert immer mehr Konsequenzen, die aus seiner eigenen Natur folgen.

Ihre Forderungen: Was schreibt die einmal produzierte Vernunft vor? Wendet sie sich gegen die bisher herrschende Notwendigkeit? Nein, denn dies wäre eine Überschreitung, eine Wirksamkeit der Negation – die durch die gesamte „*Ethik*"widerlegt wird. Die Vernunft strebt das gleiche an wie die Leidenschaften: Sie ist das Bestreben des Individuums, sich zu erhalten, d.h. neue Wirkungen zu produzieren. Der Nominalismus geht hier im Individualismus auf, in einem Individualismus jedoch, in dem das Individuum kein Subjekt ist. Es wird durch seine Wirkungskraft erklärt, die sich immer mehr zu entfalten sucht. Was jedoch der von den Leidenschaften beherrschte Mensch nur schlecht verwirklichen konnte, weil die äußeren Kräfte ihn daran hinderten, indem sie ihn ihren Zwängen unterwarfen, wird der vernünftige Mensch um so gewisser erreichen, weil er nur seiner eigenen Natur unterworfen ist. Zwischen den beiden Aspekten des menschlichen Lebens existiert also kein Richtungsunterschied, sondern eine Differenz in der Vollkommenheit, d. h. der Wirksamkeit. Der tiefste Grad der Leidenschaft ist also der, in dem man am meisten von äußeren Kräften beherrscht wird, d. h. der Grad, in dem es den Leidenschaften gelingt, das Bestreben des Menschen, sich zu erhalten, vollständig zu zerstören: Der Selbstmord ist keine tugendhafte Handlung — denn man sollte nicht seine eigene Zerstörung wollen. Wie die Beschreibung der Welt der Affekte mit einer Kritik des Voluntarismus der Stoiker begann, so führt die Analyse der Vernunft zur Verurteilung derjenigen Handlung, die diese als letzte Zuflucht der Freiheit betrachteten. Beide Kritiken sind notwendig verbunden: Eben weil die Stoiker, wenn sie dem Menschen einen freien Willen zuschreiben — da sie die Ursachen seiner Handlungen nicht kennen — der Illusion nachgeben, glauben sie, daß er am freiesten ist, wenn er im Gegenteil am meisten beherrscht wird: auch hier verschließen sie ihre Augen vor den notwendigen Ursachen, die ihn zu seiner Zerstörung treiben. Die Vorschriften der Vernunft sind also immer identisch mit den Naturgesetzen des Individuums, und die Tugend kann nur in der Realisierung dieser Gesetze bestehen — und nicht in einer Askese, die das Leben zugunsten eines notwendig äußerlichen Endes verdrängen würde. *„Da die Vernunft nichts wider die Natur fordert, so fordert sie demnach, daß jeder sich selber liebe, seinen Nutzen suche, so weit es wahrhaft sein Nutzen ist, und all das erstrebe, was den Menschen wahrhaft zu größerer Vollkommenheit führt; und überhaupt, daß jeder sein Sein, so viel an ihm liegt, zu erhalten strebt. Dies ist ja so notwendig wahr, wie das Ganze größer ist, als sein Teil (. . .). Da sodann Tugend (. . .) nichts anderes ist als nach den Gesetzen der eigenen Natur handeln, und jedermann (. . .) sein Sein nur nach den Gesetzen seiner eigenen Natur zu erhalten strebt, so folgt daraus:*

Erstens, daß die Grundlage der Tugend eben das Streben nach Erhaltung des eigenen Seins ist, und daß das Glück darin besteht, daß der Mensch sein Sein zu erhalten vermag.

Es folgt zweitens, daß die Tugend um ihrer selbst willen zu erstreben ist, und daß es nichts wertvolleres gibt, und nichts, was nützlicher für uns ist, um dessentwillen sie erstrebt werden müßte.

1) vgl Phil

97

Drittens endlich folgt, daß die Selbstmörder ohnmächtigen Gemüts sind und den äußeren Ursachen, die sich ihrer Natur entgegensetzen, völlig erliegen. "[55]

6. Die Politik

Gott, der Geist, das Begehren, die Moral: in all diesen Fragen bricht Spinoza offensichtlich mit der herrschenden Einstellung seiner Zeit. Es gibt jedoch einen Punkt, bei dem man versucht sein könnte, eine Übereinstimmung festzustellen: nämlich Spinozas politische Theorie, deren Zentralbegriff das *Naturrecht* ist, d. h. einer der Begriffe des voluntaristischen Raums. Stimmt er hier mit der Analyse überein, die man, mit kleinen Unterschieden, bei Hobbes, Locke und Rousseau findet? Die Frage läßt sich mit den ersten Zeilen eines Briefes an Jarig Jelles beantworten: *,,In Bezug auf die Politik besteht der Unterschied zwischen mir und Hobbes, nach dem sie fragen, darin, daß ich das Naturrecht immer unverletzt erhalte und der höchsten Obrigkeit in jeder Stadt nur so viel Rechte gegen die Untertanen zugestehe, als dem Maße der Macht, in der sie den Einzelnen übertrifft, entspricht, wie dies im Naturzustande immer Statt hat"* (Brief an Jelles vom 2. 6. 1674).

Entscheidend wäre also der Unterschied zwischen dem erhaltenen und dem aufgehobenen Recht. Wie steht es damit bei Hobbes? Er geht vom Naturzustand aus, in dem die Individuen gegenseitig isoliert sind: Jeder handelt nach seinem Naturrecht und verwirklicht all das, was ihm sein Wille und sein Interesse diktieren. Der unerträgliche Charakter dieses Zustands, der wirkliche ,,Krieg aller gegen alle" ruft die Geburt der Gesellschaft hervor: Jedermann tritt sein ursprüngliches Recht in der Hoffnung ab, dafür Sicherheit zu erhalten. Nur in einer solchen Gesellschaft werden diejenigen Regeln respektiert werden, die es den Menschen erlauben, gemeinsam zu leben: ,,Wenn es keine sichtbare Gewalt gibt, die ihn (den Menschen) in Zucht hält und ihn durch die Furcht vor Strafe an die Erfüllung seiner Verträge bindet (. . .) laufen jene Naturgesetze — *Gerechtigkeit, Gleichheit, Bescheidenheit, Barmherzigkeit,* kurz alles, was in dem Satz zusammengefaßt werden könnte: *Handle deinem Mitmenschen gegenüber so, wie du wünschest, daß auch an dir gehandelt werde* — unseren natürlichen Trieben zuwider; denn diese führen uns, ohne den Zwang einer höheren Gewalt, zu Parteilichkeit, Stolz, Rachsucht und dergleichen." Deshalb muß man einen Abtretungsvertrag schließen, um die bürgerliche Gesellschaft zu konstituieren: Nur der „Leviathan" — die Institution, an die man die Macht abgetreten hat — wird sein Naturrecht behalten und damit unbegrenzt seine Macht ausdehnen können: „Der einzige Weg, eine solche allgemeine Gewalt zu schaffen (. . .) liegt darin, daß alle Macht einem Einzigen übertragen wird — oder aber einer Versammlung, in der durch Abstimmung der Wille aller zu einem gemeinsamen Willen vereinigt wird. Das heißt soviel, wie einen Menschen oder eine Versammlung von Menschen zur Verkörperung ihrer Person zu bestimmen, wobei ein jeder als seine eigenen Handlungen und sich selbst als den Urheber alles dessen anerkennt, was der, der ihre Person derart verkörpert, hinsichtlich des allgemeinen Friedens und der allgemeinen Sicherheit tut oder veranlaßt — und dabei den eigenen Willen und das eigene Urteil seinem Willen und seinem Urteil unterwirft. (. . .) Jeder Einzelne sagt gleichsam: Ich gebe mein Recht, über mich selbst zu bestimmen, auf und übertrage es diesem anderen Menschen oder dieser Versammlung — unter der alleinigen Bedingung, daß auch du ihm deine Rechte überantwortest und ihn ebenfalls zu seinen Handlungen ermächtigst."[56]

Bei Spinoza und den Vertretern des Naturrechts, für die Hobbes ein gutes Beispiel ist, ist das Problem das gleiche: Wie kann man ein Gemeinwesen und seine Autorität konstituieren, wenn man das Individuum und seine Kräfte als Ausgangspunkt genommen hat? Die zitierten Texte zeigen sehr gut die gemeinsamen Punkte und die Demarkationslinie zwischen beiden Problemlösungen.

Der wesentliche gemeinsame Punkt ist, daß ein Wesen geschaffen wird, das auf die Individuuen Zwang ausübt. Und in beiden Fällen entspricht diese Einrichtung dem wohlverstandenen Interesse der Individuen selbst; denn auch wenn sie ihr, wie bei Hobbes, ihr Recht überlassen müssen, so gewinnen sie doch Frieden und Sicherheit. Auch Spinoza unterstreicht den Vorzug dieses Zusammenschlusses: *,,Es gibt demnach außerhalb unserer gar vielerlei, was nützlich für uns und darum zu erstreben ist. Und davon ist das denkbar Wertvollste das, was mit unserer Natur gänzlich übereinstimmt. Denn wenn z. B. zwei Individuen von ganz derselben Natur sich miteinander verbinden, so bilden sie ein Individuum, das doppelt so mächtig ist als jedes einzelne für sich. Für den Menschen ist daher nichts nützlicher als der Mensch; nichts wertvolleres sage ich, können sich die Menschen zur Erhaltung ihres Seins wünschen, als daß alle in allem dergestalt übereinstimmen, daß die Seelen und Körper aller zusammen gleichsam eine einzige Seele und einen einzigen Körper bilden, daß alle zumal, soviel sie können, ihr Sein zu erhalten streben und alle zumal für sich den gemeinsamen Nutzen aller suchen".*[57]

Die Demarkationslinie verläuft ein weiteres Mal zwischen dem Willen und der Notwendigkeit: Sie betrifft die Verfassung des Gemeinwesens nur, weil der Terminus Naturrecht zunächst nicht den gleichen Sinn besitzt. Bei Hobbes, Locke oder Rousseau wird das Naturrecht auf dem Willen als der schöpferischen Kraft des Individuums — bei Hobbes genauer noch als der Fähigkeit zum „Künstlichen" — begründet, d. h. im Grunde auf jener Macht des Menschen, sich in einer ersten Geste den allgemeinen Gesetzen der Natur zu entziehen. Das kann für Spinoza, dessen gesamte Arbeit in der Zerstörung dieser Möglichkeit besteht, nicht zutreffen. Bei ihm erhält das Naturrecht seine Macht nicht aus einem voluntaristischen Akt, sondern aus den Gesetzen der Wirkungskraft: *„Jeder existiert nach dem höchsten Recht der Natur, und folglich tut jeder nach dem höchsten Rechte der Natur all das, was aus der Notwendigkeit seiner Natur folgt: nach dem höchsten Rechte der Natur urteilt somit jeder darüber, was gut und was schlecht ist, sorgt jeder für seinen Nutzen nach seinem Sinne".* [58] Man versteht nun den im Brief an Jarig Jelles unterstrichenen Unterschied: Das aus einem Willensakt gewonnene Recht kann durch einen anderen Willensakt aufgehoben werden; das Recht, das eine Form der Notwendigkeit ist, kann nur durch die Zerstörung des Modus, dessen Kraft es ist, aufgehoben werden. Aber wie wir gesehen haben, ist diese Zerstörung nicht an den Willen des Individuums gebunden, sondern an seine Beherrschung durch äußere Kräfte. Es ist dem Individuum also nicht möglich, sein Naturrecht abzutreten, auch nicht an eine Institution, die es schützen kann. Damit wird eine zweite Abgrenzung vollzogen: Im klassischen Naturrecht ist die Verfassung des Gemeinwesens eine wirkliche *Schöpfung:* ein freier Akt der Rechtssubjekte. Diese treten in die bürgerliche Gesellschaft nur ein, weil sie, zumindest stillschweigend, ihren eigenen Vorteil suchen und der Opferung ihrer Individualität zustimmen. Die damit entstandene Gesellschaft erhält ihr Recht nur durch die Rechtssubjekte, oder, anders argumentiert: Man steht vor einer souveränen Gesellschaft; man muß ihre Souveränität erklären, und dabei das Prinzip des Individualismus beibehalten. Der Mythos vom Naturzustand und vom Vertrag dient allein dazu, in das Individuum und seinen freien Willen etwas einzuführen, was auf jeden Fall dort wiedergefunden werden muß, weil es bereits vorhanden ist: den Staat und den Zwang, den er ausübt. Der Ursprung ist hier das Ziel. Beides wird an jenem Oszillationspunkt des Subjekts aufgehoben: seinem freien Willen, der dem Subjekt versichert, daß es nur unterdrückt wird, weil es eben unterdrückt werden will.

Bei Spinoza jedoch gibt es keinen Ursprung, weil es kein Ziel gibt. Die Gesellschaft wird in einem notwendigen Prozeß konstituiert, der vom Begehren der Individuen und nicht von ihrem Willen ausgeht — und deshalb können sie in ihm ihre Wirkungskraft bewahren: Einerseits wird der Gesellschaft das Recht zugestanden, *,,eine gemeinsame Lebensweise vorzuschreiben und Gesetze zu geben, und diese nicht durch die Vernunft, die (...) die Affekte nicht zu hemmen vermag, sondern durch Drohungen zu befestigen."* Die Staatsmacht trägt hier keine Maske: Sie integriert die Bürger durch Gewalt und nicht durch die Verpflichtung ihrer Willen. Zwar werden die Bürger später, wenn sie vernünftig geworden sind, aufgrund dessen, was ihnen die Vernunft befiehlt, in der Gesellschaft bleiben können; man braucht aber keine Vernunft zu besitzen, um sich ihr anzuschliessen. Andererseits folgt aus der Erhaltung der Wirkungskraft ganz natürlich auch das Recht, d.h. die Kraft zum Aufstand: wenn der Staat nicht mehr stark genug ist, sein Gesetz durchzusetzen, kann er zerschlagen werden. Welches Versprechen könnte einer solchen Notwendigkeit standhalten?

Deshalb ist Spinoza, trotz der Identität der Worte, tatsächlich sehr weit von den voluntaristischen Lehren des Naturrechts entfernt: Wenn man unbedingt eine Annäherung machen will, so gleicht die Wirkungskraft Spinozas eher der *virtù* Machiavellis; Machiavelli, dessen Name durch den klassischen Diskurs mit Beschimpfungen und Verdrehungen verdeckt wird — und in dem Spinoza nahezu als einziger einen Verteidiger der Freiheit erkannte. Und er konnte es nur deshalb sein, weil er die Illusion verwarf und der Lehre der Theologen widersprach. So endet der Gang des Textes dort, wo er begann: beim Ausschluß der Diskurse, der die Erkenntnis von der Illusion trennt.

Benedicti Spinozae

TRACTATUS
THEOLOGICO-
POLITICUS

Continens

Diſſertationes aliquot,

Quibus oſtenditur Libertatem Philoſophandi non tantum
ſalva Pietate, & Reipublicæ Pace poſſe concedi: ſed
eandem niſi cum Pace Reipublicæ, ipſaque
Pietate tolli non poſſe.

Johann: Epiſt: I. Cap: IV. verſ: XIII.

*Per hoc cognoſcimus quod in Deo manemus, & Deus manet
in nobis, quod de Spiritu ſuo dedit nobis.*

HAMBURGI.

Apud *Henricum Künrath.* cIɔ Iɔ cLXX.

Originalausgabe des „Tractatus Theologico-Politicus"

7. Spinoza und Marx

Ein begrenzter Überblick: tatsächlich haben wir uns weniger für die Ordnung der Erklärungen der „*Ethik*" als für das interessiert, was diese Ordnung produziert hat und was sie selbst produziert. Was sie produziert hat: Sicher nicht das schreibende Subjekt, Baruch de Spinoza, sondern eine bestimmte Begriffsdisposition, oder genauer, ein aktiver Ausschluß. Was sie selbst produziert: nicht so sehr Theorie, als vielmehr eine bestimmte Art, theoretische Bereiche zu betrachten.

Natürlich hätte man der Strenge der Lehrsätze Schritt für Schritt folgen und ihre Verkettung verifizieren können, um ihre Aussagen zu bestärken und in jedem Punkt das notwendige Zeichen ihrer Exaktheit niederzuschreiben. Ein reizvolles und sicher nützliches Unternehmen, wenn auch nur, um daran zu erinnern, daß die Lehre nur in der rigorosen Einschreibung ihres Buchstabens besteht.

Ein Denken zu verstehen, heißt nämlich zunächst einmal zu untersuchen, womit es dem Druck und den Mißverständnissen, denen es ausgesetzt ist, *widersteht,* und sodann die Kettenglieder zu prüfen, die ihm diese Stärke geben. Man kann eine Philosophie mit einer anderen nur dann wirklich „vergleichen" — was letzten Endes jede Geschichte zu machen versucht — wenn man diese Etappe nicht ausspart.

Was heißt in der Tat „vergleichen"? *Entweder* geht es darum, genügend Aspekte verschiedener Philosophien zu unterschlagen, um daraufhin eine gemeinsame Grundlage zu entdecken. Eine geläufige — und triste Übung: Es bleiben schließlich nur noch kraftlose Banalitäten übrig. *Oder aber* man versucht, eine Philosophie auf eine andere zu reduzieren, die als ihre Vollendung betrachtet wird, d. h. als die Norm dessen, was ihr vorhergeht. Man betont denn diejenigen Aspekte, die in beiden Denksystemen übereinstimmen, und isoliert sie indem man sie aus ihrem Zusammenhang herauslöst und die zersplitterten Fragmente nach den Normen einer anderen Regel als der ihren verteilt. Man findet also nur das wieder, was man zu Anfang vorausgesetzt hat. Der Erkenntnisgewinn ist gleich null.

Solchen Reduktionen gegenüber besteht die erste Verteidigungsmaßnahme darin, die Irreduzibilität der Philosophie Spinozas nachzuweisen. Und sicher rechtfertigt dies weitgehend das Vorhaben, sich in sie zu versenken und von Anfang bis Ende die Ordnung der Erklärungen nachzuzeichnen. Wir haben jedoch einen anderen Weg eingeschlagen: Wir haben von dieser formalen Perfektion Abstand genommen und sind davon ausgegangen, daß sich die Wirksamkeit dieser Ordnung nicht in der Verkettung der Theoreme erschöpft. Ausserdem kann man die Begriffe des spinozistischen Raumes mit Begriffen konfrontieren, die die Funktionsweise anderer Räume tragen, um auf diese Weise ihre Irreduzibilität zu zeigen, oder vielmehr das Licht, in das sie jene stellen.

Es handelt sich also in der Tat um einen Vergleich, aber nicht um einen reduzierenden Vergleich, wie er oben kritisiert wurde. Es geht weder darum festzustellen, daß sich Spinoza ebenso wie Descartes auf die Mathematik bezieht, noch darum, hoffnungsvoll anzumerken, daß im Spinozismus der Marxismus bereits ein wenig erscheint. Im Gegenteil, in jener konfliktuellen Tradition, die die Philosophie ausmacht, definiert sich jeder Philosoph nicht durch sich selbst, sondern durch seine *Position* und die Frontlinie, die ihn von dem trennt, dem er sich entgegenstellt. Seine Konsistenz unterstreichen, heißt also, die Fragen zu formulieren, die er notwendigerweise an andere Philosophen gestellt hat. Spinoza ist weder Descartes noch Marx, aber die außergewöhnliche Strenge seiner theoretischen Anordnung erlaubt es uns. Descartes und Marx zu *verarbeiten.*

Im klassischen Zeitalter hat die im 14. Jahrhundert entstandene voluntaristische Weltsicht ihre stärkste Verbreitung gefunden. Sie setzt sich in der Erkenntnistheorie und in der Metaphysik durch, genauer noch, sie zwingt der Metaphysik die Form einer Erkenntnistheorie auf (Descartes); sie organisiert die Grundlagen des Rechts und der Politik (Grotius, Hobbes, Locke, Rousseau); sie bestimmt die Regeln der Aufklärung, und schließlich wird sie den Diskurs der französischen Revolution beherrschen und die Beziehungen der Menschen festlegen, wie sie z. B. in der Erklärung der Menschenrechte theoretisch formuliert sind. Denn man hat nicht immer gedacht, daß die Menschen de jure, wenn nicht sogar de facto frei und gleich geboren werden. Im Altertum und im Mittelalter begriff man ihre natürliche Ungleichheit als die andere Seite der notwendigen Differenzen, die aus dem Gemeinwesen ein organisches Ganzes machen. Trotz dieser Differenzen (und ohne sie abschaffen zu wollen) an eine angeborene Gleichheit zu glauben, ist nur in einem sehr bestimmten, sehr begrenzten Raum denkbar: einem Raum, in dem die Welt ursprünglich in Individuen aufgeteilt ist und in dem diese Individuen *Subjekte* sind.

Ist dieser doppelte Ausgangspunkt einmal gegeben — der Nominalismus, der die Welt vom Individuum her denkt, und der freie Wille, der aus jedem Individuum einen Ursprung macht — so läßt sich ein kohärentes begriffliches System aufbauen, dessen Existenzformen zwar zahlreiche Variationen annehmen werden, in denen man jedoch immer die Einheit einiger Schlüsselbegriffe wiederfinden wird: Die Spaltung, die den Menschen von der Welt und das Sein vom Sein-Sollen trennt; die Reduktion der objektiven Welt auf ein System von Mitteln; eine bestimmte Konzeption der Kausalität, die im Gegensatz zum freien Willen steht: als rein äußerliche Wirksamkeit, die jeden Gedanken an eine innere Verbindung als unverständlich zurückweist. Es ist natürlich schwer, in einer solchen Perspektive die Totalität zu denken, geschweige denn ihre Einwirkung auf das Individuum. Die Totalität kann nur als schlechte Unendlichkeit, als abstrakte Ansammlung von Individuen begriffen werden: nicht als ihr Tod, sondern als ihre reine Verdopplung.

All diese Voraussetzungen bekämpft Spinoza. Sein gesamter Text kritisiert dieses Sein-Sollen und das, was damit verbunden ist. Wie wir gesehen haben, trifft sich seine Zurückweisung der klassischen Spaltung mit derjenigen Hegels: Gegenüber der politischen Gesellschaft z.B. nehmen beide die gleiche Haltung ein. Für sie geht es darum, das, was ist, rational zu erklären, anstatt vor ihm in die Nostalgie dessen, was war, oder in die Hoffnung auf das, was sein sollte, zu flüchten: Denken ist Denken dessen, was ist. Dennoch bleibt Spinoza auch hier isoliert: Für Hegel entwickelt sich das, was ist, durch die Integration dessen, was es spaltet; letzten Endes überwindet die Totalität die Spaltung nur, indem sie sie aufnimmt. Spinoza aber ist nichts fremder als die *„Aufhebung"*.

Man darf diese zweite Abgrenzung nicht unterschätzen. Wenn die spinozistische *„potentia agendi"* den klassischen Willen ausschließt, so schließt sie sich dafür nicht den Lehren an, die diesen individuellen Willen kritisieren, indem sie ihn in einer Totalität „aufheben", in der er das ihn Spezifizierende verliert. Von dieser expressiven Kausalität, einem Sich-Ausdrücken, das zur Transparenz führt, grenzt sich Spinoza ebenso entschieden ab wie von der linearen Wirksamkeit. Wie Louis Althusser gezeigt hat, behauptet die Hegelsche Dialektik die Einheit des Ganzen nur, indem sie die Differenzen unterdrückt. Sämtliche Widersprüche verweisen aufeinander wie auf einen einzigen Widerspruch, der mehrfach, unendlich oft wiederaufgegriffen wird. Jedes Moment spiegelt nur das innere Wesen des Ganzen wider und erschöpft sich in dieser Widerspiegelung.

Wenn der römische Geist sich durch den Verlust der für die Griechen typischen inneren Einheit aller Dinge charakterisiert, so wird man diesen Charakterzug in allen Momenten der römischen Geschichte und in allen Institutionen wiederfinden: Die Religion steht nun im Dienste des Staates, während sie früher die griechische Polis belebte; durch ihren künstlichen Charakter steht die Gründung der Stadt Rom durch Romulus im Gegensatz zum Ursprung anderer Völker; der Raub der Sabinerinnen illustriert den den Institutionen zugrundeliegenden Zwang. Ist das Wesen der Totalität also erst einmal erkannt, findet man es als solches in jedem ihrer Teile wieder. Kein Teil kann die Totalität entscheidend modifizieren —, während in der ,,*Ethik*'' der Modus nur Realität besitzt, wenn er eine bestimmte Modifikation der Substanz ist. In der ,,expressivistischen'' Strömung geschieht im Grunde nichts innerhalb eines Prozesses: Alles ist gegeben, und jedes Moment ist nur ein besonderer Gesichtspunkt. Leibniz bemerkt in der ,,Monadologie'', daß ,,jede einfache Substanz Beziehungen enthält, welche die Gesamtheit der anderen zum Ausdruck bringen''. Sie ist ,,infolgedessen ein lebendiger, immerwährender Spiegel des Universums''. Und er fügt hinzu: ,,Wie eine und dieselbe Stadt, von verschiedenen Seiten betrachtet, immer wieder ganz anders und gleichsam in perspektivischer Vielfalt erscheint, so gibt es auch — zufolge der unendlichen Menge der einfachen Substanzen — gleichsam ebenso viele verschiedene Welten, die jedoch nur die Perspektiven einer einzigen unter den verschiedenen Gesichtspunkten jeder Monade sind''.[59] Wir wollen Hegel nicht mit Leibniz gleichsetzen, aber man muß ihre übereinstimmende Haltung in den Fragen der Totalität und ihrer kausalen Macht unterstreichen: Trotz aller Differenzen gibt es hier eine Kontinuität der Erklärung, die, anstatt wie die voluntaristische Strömung, das Ganze vom Individuum her zu denken, im Gegenteil das Teil auf das Ganze zurückführt. Nicht weil sie das Teil als eine Illusion betrachtet, sondern weil sie ihm jedes Prinzip der Opazität abspricht, das ihm eigene und spezifische Gesetze geben würde, die im Rahmen der Gesetze des Ganzen wirken, ohne sich jedoch wie ein Bild auf das, was es widerspiegelt, auf diese Gesetze reduzieren zu lassen.

Man sieht also, wie sich während eines langen Zeitraums (und nichts spricht dafür, daß er bereits abgeschlossen ist) zwei theoretische Räume gegenüberstehen: Auf der einen Seite ein Raum, der von den Einzeldingen her denkt, indem er sie durch eine rein äußerliche Verbindung der wirksamen Kausalität verbindet; und auf der anderen Seite ein Raum, der, auch wenn er das Individuum nicht auf das Ganze reduziert, doch zumindest seine Spezifizität nur als „Gesichtspunkt" des Ganzen denkt. In dieser Auseinandersetzung, die im Hintergrund zahlreicher Polemiken über andere Gegenstände steht, befindet sich die „Ethik" weder auf der einen noch auf der anderen Seite: Zwar kämpft sie für die Zerstörung der Illusion des freien Willens, aber dennoch definiert sie das Individuum (durch seine Kraft). Die rein expressive Kausalität, wie man sie in der Tradition von Böhme bis Hegel findet, ist mit der spinozistischen Verknüpfung von Endlichem und Unendlichem also ebenfalls unvereinbar.

Diese außergewöhnliche Situation bleibt nicht ohne Konsequenzen. Wenn auch die liberale/voluntaristische Ideologie noch weitgehend unseren theoretischen (und praktischen: das „Bürgerliche Gesetzbuch") Horizont bestimmt, so sind dennoch Disziplinen entstanden, die ihre Stärke erschüttern. Aber die Versuchung ist groß, innerhalb dieser Diskurse die Karte der expressiven Kausalität gegen den Individualismus und die linearen Relationen des klassischen Denkens auszuspielen. Die Geschichte des Marxismus kann dafür als Beispiel dienen, vorausgesetzt man versucht, die Logik der in seinem Innern einander gegenüberstehenden vielfältigen Interpretationen zu ermessen. So könnte man darin einerseits einen voluntaristischen Erklärungsstil finden, der — im Innern des Historischen Materialismus selbst — nahezu eine gewaltsame Rückkehr des liberalen und individualistischen Erbes bedeutet. Man würde darin aber auch eine gegen diese erste Abweichung gerichtete andere Methode der Analyse finden, die auf hegelianische Weise in Begriffen des Sich-Ausdrückens denkt. Dies ist nur eine sehr allgemeine Charakterisierung, die sehr verschiedene Interpretationen umfassen kann, die nicht unbedingt explizit auf Hegelsche Begriffe zurückgreifen. Das expressive Denken selbst aber setzt sich durch und unterminiert die Erklärung. Besonders folgenreich wird dies, sobald es darum geht, die Ideologie und ihre Beziehung zum gesellschaftlichen Ganzen zu analysieren. In einem berühmten Text, dem ,,Vorwort" zur ,,Kritik der Politischen Ökonomie", spricht Marx von einer Verbindung zwischen zwei ,,Ebenen" der Gesellschaft: Das gesellschaftliche Sein bestimmt das Bewußtsein. Man kann nun sehr leicht — unter dem Vorwand dieser Determination durch die Politik oder die Ökonomie — in den Ideen nur deren einfache Umschrift erblicken. Man wird dann in der ,,Basis" und im ,,Bewußtsein" dieselbe Struktur entdecken, eine nahezu vollständige Wiederholung. Die Weltanschauung ist dann der Gesellschaft gegenüber redundant. Man wird kaum noch erkennen können, worin der Unterschied zwischen dieser in mehreren Regionen identisch präsenten Struktur und dem Geist einer Epoche oder dem inneren Wesen des Ganzen der spekulativen Philosophie besteht. Die einzige Nuance läge darin, daß man für diese Struktur die Ökonomie als ,,ursprünglichen" Ort bestimmt. Da man jedoch nicht sagt, worin sie sich spezifiziert, impliziert diese Behauptung eine *petitio principii*. Ob man es will oder nicht: Solange man nicht die relative Wirksamkeit jeder

Instanz innerhalb des Ganzen bestimmt, steht man im Gegensatz zu Marx, auch wenn man die gleichen Worte benutzt wie er.

Als Beispiel für diese Methode mag die Art und Weise dienen, in der Lucien Goldmann in „Der verborgene Gott" die tragische Weltanschauung der Jansenisten analysiert, deren Ursprung in der Situation der französischen Parlamentsmitglieder des 17. Jahrhunderts gesehen und deren Entwicklung im Werk von Pascal und Racine dargelegt wird. Sicherlich besitzt diese Form der Analyse einen immensen Vorteil: Die Konstanten einer Ideologie auf die Konstanten einer Basis zu beziehen, erlaubt, dem Nominalismus der Ideengeschichte zu entgehen. Sobald man erkannt hat, daß zwischen verschiedenen Denkern etwas anderes als eine mechanische Verbindung besteht, ist man davon befreit, sich dem sterilen Spiel der Suche nach „Einflüssen" zu widmen. Da die verschiedenen Realisationen einer Ideologie eine einzige Gestalt veranschaulichen, gewinnen sie eine gemeinsame Konsistenz. Aber der Individualismus wird nur um den Preis des Verschwindens des Individuums überschritten. Wenn man, anstatt zu sagen, daß Pascal Racine beeinflußt hat, nämlich behauptet, daß beide in ihrer Weltanschauung die Situation des Amtsadels ausdrücken, so hat man damit zwar die rein lineare Kausalität ausgeschaltet — jedoch um den Preis einer merkwürdigen Regression. Von nun an kann man die Unterschiede zwischen beiden Autoren nur noch illustrativ analysieren: Der Zugang vom einen zum anderen ist durch die Transparenz versperrt. Wenn alles nur noch das gleiche Wesen entfaltet, gibt es keine Konjunktur: Überall läßt sich das gleiche Prinzip unmittelbar erkennen. Man erfaßt das Ganze nur, weil man seine Teile darin auflöst.

Das einzige Mittel, den Thesen des Historischen Materialismus nicht ihren Sinn zu nehmen, besteht offenbar darin, jeder Instanz eine eigene Wirksamkeit zuzugestehen – auch wenn man, um nicht in den Eklektizismus zu verfallen, die Wirkung der Totalität dabei beibehalten muß. Man muß also ein System mit doppelter Kausalität konstruieren. Das Modell dieses Systems findet man bei Spinoza: In der „Ethik" gibt es in der Tat zwei Determinationsordnungen für einen einzigen endlichen Modus. Einerseits die immanente Kausalität Gottes, d. h. die natura naturans, ohne die es keine Wirkungskraft geben könnte; andererseits die lineare Kausalität der endlichen Modi untereinander: Um existieren zu können, benötigt jeder einzelne Modus zugleich das Ganze und die anderen transformierten Formen dieses Ganzen. Diese komplexe Struktur entspricht offenbar der tatsächlichen Praxis von Marx. Zum Beispiel analysiert er in den Artikeln über den Sezessionskrieg nicht nur die ökonomischen Interessen der Südstaaten, sondern auch die Art und Weise, in der die englische Presse – oder ein Teil dieser Presse – diese Interessen verteidigt; sie verteidigt sie, weil sie zugleich eine Beziehung zu ihnen hat und weil sie eine bestimmte Wirkung besitzt, die diese Interessen benötigen; anders gesagt, sie ist kein reines Sprachrohr. Um ein Phänomen zu situieren, werden hier also zwei Ursachen miteinander „montiert". Marx gibt uns keine Theorie dieser Montage – daher unser Interesse für Spinoza, als dem Anderen von Descartes und Leibniz: Er könnte vielleicht das systematisieren helfen, was in den Texten des Historischen Materialismus wirksam ist.

Man kann trotzdem nicht leugnen, daß eine direkte „Anwendung" unmöglich ist. Bevor die Begriffe in diese Problematik eingehen können, müssen sie neu bearbeitet werden. Aber entscheidend ist, daß der theoretische Raum des Spinozismus in dieser Richtung Wege bahnt, daß er Wirkungen besitzt: Er deckt die Voraussetzungen auf, mit denen wir heute noch weitgehend leben; er macht noch deutlicher, was diese Voraussetzungen umstürzt – dies zeigt am besten seine Lebendigkeit. Die heutige Lektüre Spinozas ist nicht der Historiographie, sondern der Theorie unterstellt, d. h. der Politik.

Dort ist seine Wirkungskraft am größten.

8. Das philosophische Feld

Wenn man die Geschichte der Ideen nicht als eine Abfolge individueller und irreduzibler Problematiken betrachtet, sondern als ein Feld, auf dem sich bestimmte theoretische Räume gegenüberstehen, so kann man darin geradezu eine *Anordnung der Kräfte* feststellen, die etwas ganz anderes ist als die Haltung eines Autors gegenüber einem anderen: Für diese unsichtbare Anordnung können dann Zitate Indizien sein, und insofern ist ihr Gebrauch gerechtfertigt. Auch muß man hinzufügen, daß solche Urteile gleichermaßen die Geschichtskonzeption dessen ausdrücken, der sie gibt, wie die Situation, in die sich seine Differenz zu denen, die er beurteilt, einschreibt: Diese Tiefengeschichte ist nicht immer direkt an der Oberfläche der Texte zu lesen, und bestimmte theoretische Anordnungen ermöglichen besser als andere ein klares Urteil. Zwei Bedingungen zumindest müssen dafür erfüllt sein: eine Konzeption des theoretischen Kampfes, die eher auf die Wurzeln der ausgedrückten Positionen als auf deren individuelle Formulierungen zielt; und eine gewisse Vorsicht gegenüber der allzu unmittelbaren Gegenwart und der empirischen Geschichte. Wir haben gesehen, daß der spinozistische Diskurs die erste dieser Bedingungen weitgehend erfüllt; in bezug auf die zweite Bedingung muß seine Beziehung zur Geschichte hinterfragt werden.

Spinoza und die Geschichte ... es wäre etwa voreilig zu glauben, daß sie abwesend ist. Zwar verhindert die Unterscheidung von Zeit (als einem „Vernunftwesen") und Dauer einen bestimmten Rückgriff auf die unmittelbare Chronologie: Aber gerade dieser Rückgriff auf den linearen Ablauf der Zeit begründet die empirische Geschichtsschreibung, sodaß diese ihn ständig wiederholt. In der Tat gibt es also bei Spinoza eine abwesende

— und zwar notwendig abwesende — Geschichte: die Geschichte des Details und der Akzidenz, der linearen Kontinuität und der sie tragenden Illusion. Aber welchen Status hat die Vergangenheit? Einerseits verleiht sie den Tatsachen, die sie enthält, keine autoritative Kraft (dies zu glauben hieße, dem Vorstellungsvermögen nachzugeben); andererseits hat sie trotzdem einen Inhalt, und die Tatsachen, die die Geschichte aufweist, belegen die Kraft dieses Inhalts. Natürlich kann dieser Inhalt auch für sich selbst dargestellt werden — genau dies geschieht in der *„Ethik"* (mit nur einer Ausnahme, auf die wir noch eingehen werden); aber er kann auch im Zusammenhang mit einer historischen Polemik dargestellt werden, und in diesem Fall gewinnen die Gegensätze der Vergangenheit eine Bedeutung, weil die Analyse nun den Kampf zwischen Verstand und Vorstellungsvermögen deutlich werden läßt.

Auch hier noch ist es lehrreich, die Texte Spinozas mit denen Descartes zu vergleichen: Bei beiden finden wir die gleiche Ablehnung sowohl der Kraft der Zeit und der auf ihr begründeten Autorität als auch des Vorurteils. Aber bei Descartes besetzt diese Ablehnung den gesamten Schauplatz: Nahezu jede Illusion wird mit der Wirkung der Zeit auf das Subjekt verbunden; das Vorurteil kommt entweder von den antiken Vorfahren oder aus der Kindheit. Die Geschichte der Ideen kann hier nur schlichte Ablehnung sein, eine Geste, die alle früheren Diskussionen ins Nichts verweist, indem man ihre Unfruchtbarkeit aufzeigt und sie durch eine radikale Neuerung ersetzt. Der erste Artikel der „Leidenschaften der Seele" macht dies deutlich: „Nichts zeigt besser, wie mangelhaft die von den Alten auf uns gekommenen Wissenschaften sind, als deren Schriften über die Leidenschaften. Obgleich es sich dabei nämlich um einen Gegenstand handelt, dessen Kenntnis immer sehr geschätzt worden ist, und der nicht schwer scheint, da jeder diese Leidenschaften in sich selbst fühlt und deshalb die Beobachtung nicht von anderen zu entnehmen braucht, um ihre Natur zu erfassen, so ist doch das von den Alten hierüber Gelehrte so unbedeutend und meist so wenig glaubwürdig, daß ich nur dann hoffen kann, mich der Wahrheit zu nähern, wenn ich die von ihnen betretenen Wege verlasse." Bei Spinoza dagegen besitzt die Vergangenheit eine Kohärenz: Die Geschichte der Ideen wird als ein Spiel von Gegensätzen verstanden, und jedesmal wird einer der Gegensätze von einer bestimmten Kraft durchdrungen: der Kraft der Wissenschaft.

Wir haben bereits auf die von Spinoza analysierte Beziehung zwischen ihm selbst und dem voluntaristischen Denken verwiesen. In seinen Stellungnahmen zu den antiken Vorfahren und zu Machiavelli werden wir diese Beziehung wiederfinden.

1. Getreu dem weiter oben angegebenen Prinzip bemühte sich Descartes, die verschiedenen Strömungen der antiken Philosophie en bloc zurückzuweisen: Der Widerspruch zwischen Aristoteles und Demokrit schien ihm buchstäblich unbedeutend. Im Paragraphen 202 des Vierten Teils der „Prinzipien" erklärt er: „Meine Prinzipien sind von denen Demokrits ebensoweit entfernt, wie von denen des Aristoteles oder anderer"; und er zeigt dies, indem er behauptet, daß die Annahme von Größe, Gestalt und Bewegung allein keinen hinreichenden Berührungspunkt bilde, was im übrigen jedermann zugestehe – daß sie also keine *Demarkationslinie* darstelle: „Und weil sowohl Aristoteles und alle anderen, als auch Demokrit, von dem ich alles verwerfe, was er darüberhinaus noch vorausgesetzt hat, ebenso wie ich ganz allgemein alles verwerfe, was die anderen vorausgesetzt haben, Größe Gestalt und Bewegung angenommen haben, ist es offensichtlich, daß diese Art der Philosophie nicht mehr Ähnlichkeit mit der Philosophie Demokrits als mit der aller anderen besonderen Sekten

besitzt."* Es gibt also möglicherweise Differenzen zwischen Demokrit und Aristoteles, aber da es Differenzen innerhalb des Irrtums sind, könnten sie kein Anzeichen für eine Aufspaltung der Geschichte sein: Ihre Mannigfaltigkeit („besondere Sekten") wird en bloc der Einheit des Wahren und der alle umfassenden Ablehnung gegenübergestellt („ich verwerfe ganz allgemein").

Aber es gibt zumindest einen Text, in dem Spinoza vor dem gleichen Gegensatz steht, und er entdeckt hier die Bedeutung eines Kampfes, den Descartes unterschlägt. Das Thema ist interessant, weil es einer der Punkte sein wird, den der Rationalismus (besonders des 18. Jahrhunderts) bekämpft: der Aberglaube. In mehreren Briefen verteidigt Hugo Boxel hartnäckig die Existenz von Gespenstern; nachdem ihn Spinoza mehrfach widerlegt, verschanzt er sich schließlich hinter der Tatsache, daß „alle Philosophen alter und neuer Zeit überzeugt sind, daß es Geister gibt", und er zitiert neben anderen die Platoniker und die Peripatetiker. Spinozas Antwort: „*Die Autorität des Plato, Aristoteles und Sokrates gilt bei mir nicht viel. Ich hätte mich gewundert, wenn Sie Epikur, Demokrit, Lucretius oder einen Atomisten oder Anhänger des Atomismus angeführt hätten. Es wäre nicht wunderbar, wenn die Leute, die verborgene Qualitäten, absichtsvolle Arten, substantiale Formen und tausend andre Hirngespinste ersonnen haben, auch Gespenster und Schatten sich ausgedacht und alten Weibern Glauben geschenkt hätten, um die Autorität des Demokrit zu schwächen, auf dessen Ruhm sie so neidisch waren, daß sie alle seine Bücher, die er mit so viel Beifall herausgegeben hatte, verbrannten.*"
Es gibt also gute und schlechte „Vorfahren" — und die „guten" sind die Materialisten, jene, in denen Marx die

---

* Dieses Zitat mußte direkt aus dem Französischen übersetzt werden, da die deutsche Übersetzung der „Prinzipien" im Gegensatz zur französischen Ausgabe diesen Passus — eine „eigenhändige Korrektur und Ergänzung Descartes" — nicht erhält. (A.d.Ü.)

ersten Denker der Aufklärung erkennen wird.

Das hier formulierte doppelte Urteil hat also einen Wert. Weil es doppelt ist: die Zeit bestätigt nicht, aber sie läßt auch nicht veralten. Jenseits der Chronologie wird sie, gestern wie heute, von einem Kampf zweier Tendenzen durchzogen; und es ist dieser Kampf selbst, der die weitere Geschichte erklärt: die fortgesetzte Geste der Verneinung, der die Materialisten der Antike zum Opfer fallen. Dieser Eliminierungsversuch erinnert an jenen anderen, den Spinoza den Helfershelfern der Tyrannen in ihrem Kampf gegen die Vernunft vorwirft; beide Kämpfe haben die gleiche Bedeutung: Jeweils eine der beiden Tendenzen gibt dem Vorstellungsvermögen nach (in demselben Brief an Boxel heißt es: *„Was Gespenster und Schatten anlangt, so ist mir bisher noch keine verstandesgemäße Eigenschaft von ihnen zu Ohren gekommen, sondern bloß Phantasien, die niemand begreifen kann"),* während die andere Tendenz die Vernunft verkörpert. Wie vollzieht sich diese Teilung? Den Materialisten wird ihr Atomismus gutgeschrieben — d. h. der doppelte Bezug zu den Einzelindividuen und zur Notwendigkeit, d. h. der Ausschluß des Finalismus und auch des Willens. Spinoza versucht zwar nicht, sich in ihnen vollständig wiederzufinden, aber er entdeckt die gleiche allgemeine Tendenz. Dabei ist es unwichtig, daß es im Atomismus keinen Rückgriff auf die Mathematik gibt. Weniger sein System, als der dahinterstehende Geist ließ ihn zum Angriffspunkt werden, und gerade dies rettet ihn in den Augen Spinozas.

2. Man kann sich davon überzeugen, daß die Demarkationslinie auf der Ebene der Prinzipien verläuft, wenn man den Beginn des 5. Buches der *„Ethik"* über die Stoiker liest. Nachdem Spinoza daran erinnert hat, daß wir unsere Affekte nicht vollständig beherrschen, fährt er fort: *„Die Stoiker freilich meinten, die Affekte wären von unserem Willen unbedingt abhängig, und wir könnten ihnen unbedingt gebieten. Indessen der Widerspruch*

der Erfahrung, keineswegs etwa ihre Prinzipien, zwang sie, wenigsten zuzugestehen, daß zur Hemmung und Bemeisterung der Affekte eine nicht geringe Übung und Mühe erforderlich sei. " Der gegen die theoretische Basis der Stoiker (und nicht gegen die in Verbindung mit etwas anderem daraus abgeleiteten Problematiken — hier empirisch als der *„Widerspruch der Erfahrung"* gekennzeichnet) erhobene Vorwurf erhellt indirekt das Lob der Materialisten: Einmal mehr werden die Tendenzen am besten durch die Illusion des freien Willens oder aber durch dessen Verwerfung gekennzeichnet.

3. Im Anhang des 1. Buches wird behauptet, daß ohne die Mathematik die Wahrheit dem menschlichen Geschlecht auf immer verborgen geblieben wäre: Weil sie sich mit der Wesenheit und den Eigenschaften von Figuren — und nicht mit deren Zwecken — beschäftigt, hat sie der Erkenntnis den Weg gewiesen. Im folgenden Satz wird hinzugefügt: *„Und neben der Mathematik könnten noch andere Ursachen bezeichnet werden (sie hier aufzuzählen ist überflüssig), die es ermöglichten, daß die Menschen sich über diese gemeinen Vorurteile klar wurden und zur wahren Erkenntnis der Dinge gelangten. "* Welches sind diese anderen Ursachen? Sie verweisen auf eine Irruption im Wissen, die der durch die Mathematik produzierten Irruptionen analog ist. Und wenn es überflüssig ist, sie an dieser Stelle aufzuzählen, so findet man sie vielleicht woanders: Zu Beginn der *„Abhandlung vom Staate "* formuliert Spinoza die wahre Methode, die Gesellschaft zu untersuchen: *„Ich wollte nur das mit der Praxis am meisten Übereinstimmende auf sichere und unanfechtbare Weise darstellen oder es aus der Beschaffenheit der menschlichen Natur selbst herleiten. "* (1. Kap., § 4) Kurz vorher hat er die Analysen betrachtet, die der seinen vorhergingen und einmal mehr zwei Tendenzen unterschieden. Einerseits die „Philosophen", deren Irrtum sich im Grunde auf den Glauben an den freien Willen zurückführen läßt, denn

dieser ist es, der sie dazu treibt, Satiren oder Utopien zu entwerfen, d. h. den Menschen so zu betrachten, wie er sein sollte, und nicht so, wie er ist. Andererseits die Männer mit politischer Erfahrung, denen diese Erfahrung gelehrt hat, *„daß es keine Menschen ohne Fehler gibt"* — was tatsächlich bedeutet, daß die angeblichen Fehler unumgängliche Konsequenzen der natürlichen Notwendigkeit sind. Über diese Staatsmänner (und er scheint vor allem an Machiavelli zu denken) schreibt Spinoza: *„Zweifellos aber haben gerade die Staatsmänner viel treffender über Staatslehre geschrieben als die Philosophen, denn weil sie die Erfahrung zur Lehrmeisterin hatten, haben sie nichts gelehrt, was mit der Praxis nicht im Einklang gestanden wäre."* Der einzige Einwand, den man gegen ihre Methode erheben könnte, ist keiner: Er besteht darin, ihren Widerspruch gegenüber den Theologen zu unterstreichen. Anscheinend denkt Spinoza am Ende des Anhangs zum 1. Buch also an diese ersten wissenschaftlichen Analysen der Politik: Und tatsächlich finden sich bei Machiavelli die gleichen Eigenschaften, die Spinoza der Mathematik zuschreibt: die Verachtung oder vielmehr Unkenntnis der Zwecke, eine reale Analyse der Eigenschaften der Dinge, eine Theorie der Individuen, die auf der Macht und nicht auf einer juristischen Gleichheit begründet ist. Auch hier ist also die Anordnung der Kräfte eindeutig: Plato gegen Demokrit, die Theologen gegen Machiavelli, die Illusion des freien Willens gegen eine Philosophie der Notwendigkeit und der Wirkungskraft. Seine eigene Position ermöglicht Spinoza diese strategische Klarheit.

Insoweit ist Spinozas Haltung gegenüber seinen Vorläufern oder Zeitgenossen also nicht ganz unwichtig: Da die bloße Chronologie zurückgewiesen wird, werden die angegebenen Positionen in der Entwicklung der Lehre selbst aufgezeigt. Die historische Streuung der Ideen wird im eindeutigen Rahmen einer entscheidenden Divergenz geordnet: derjenigen der Illusion des Willens.

121

Auch die Urteile der anderen über Spinoza sind aufschlußreich, nicht nur in ihrer Wahrheit, sondern sogar in ihrem Verkennen: Dieses Verkennen verweist auf die Anordnung der Stellungen; das Urteil markiert die Distanz zwischen dem Urteilenden und dem Beurteilten. In der Unterschiedlichkeit der Urteile läßt sich jedesmal begreifen, was je nach der eingenommenen Position akzeptiert, bekämpft oder umgangen werden muß. Tatsächlich ist ein Widersinn nicht nur ein Irrtum: In der Beharrlichkeit eines Umweges und eines Vergessens zeigen sich die großen Achsen einer *theoretischen* Geschichte; in der Aufeinanderfolge der Ideen, bzw. *unter* dieser Aufeinanderfolge liegt etwas ganz anderes als die unendliche Aufsplitterung der Meinungen — allerdings etwas, das die Ideengeschichte häufig verdeckt. Die theoretischen Verhältnisse, in die die Menschen eintreten, sind weder mit bloßem Auge sichtbar, noch sind sie weniger notwendig als die anderen (ökonomischen, politischen usw.) Verhältnisse. Einer der eindeutigsten Beweise für ihre Konsistenz besteht in der Notwendigkeit, mit der die gegenseitige Lektüre der Philosophen eher eine Brechung als eine Widerspiegelung hervorbringt: Die Gesetze, die die Meinungen bestimmen, umreißen nicht nur bestimmte theoretische Räume, sondern zwingen auch denen, die das aufzugreifen glauben, was aus anderen Räumen stammt, Regeln auf. Bekanntlich ändert ein Lichtstrahl, wenn er durch eine Oberfläche hindurchgeht, die zwei verschiedene durchsichtige Elemente trennt, plötzlich seine Richtung. Diese Veränderung ist vorhersehbar und nicht Wirkung eines Zufalls: Sie hängt von der *Brechungszahl* des Elements ab, in das er eindringt, und zwar in bezug auf das Element, aus dem er kommt. Der Strahl wird nicht auf die gleiche Weise abgelenkt, wenn er, aus der Luft kommend, durch Wasser oder durch Glas dringt. Andererseits wird er jedesmal, wenn er auf Glas trifft, auf die gleiche Weise abgelenkt. Man kann sagen, daß dies eine optische Täuschung ist — allerdings eine notwendige und berechenbare Täuschung. Das gleiche geschieht in theoretischen Räumen: Was eine bestimmte Form der Rationalität innerhalb ihrer Grenzen nicht erfassen kann, bricht sie; eine These, die in einer bestimmten Problematik produziert wurde, wird manchmal — oft unmerklich — wieder aufgegriffen, aber meistens unterliegt sie einer Richtungsänderung, die sie den Fragestellungen und der Ausrichtung des Feldes, in das sie übersetzt wird, anpaßt.

Wir haben zu zeigen versucht, daß im klassischen Zeitalter, und auch noch später, zwei große Typen von Diskursen unterschieden werden können, gegen die sich in einer einzigen Geste das Denksystem der *„Ethik"* wendet. Einerseits der Raum der Wirksamkeit, andererseits der Raum des Ausdrucks. Diese Teilung ist außerordentlich schematisch. Tatsächlich ordnet sich die konkrete Geschichte der Ideen nach zahlreichen Strömungen, Brüchen und Abspaltungen, und gewisse Positionen können nur durch eine unglaublich komplexe Verschränkung der entgegengesetzten Strömungen erklärt werden. Will man jedoch nur die Stellung Spinozas abgrenzen, so kann man dennoch provisorisch bei diesem großen Gegensatz bleiben; und man kann dies umso besser, als sogar die Vertreter dieser Räume selbst diese Schematisierung betreiben: Jeder wählt sich den anderen als Gegner, und sie beherrschen dieses Spiel so gut, daß sie diejenigen darauf reduzieren, die nicht von selbst an diesem Spiel teilnehmen würden. Zum Zeitpunkt der Französischen Revolution nimmt dieser Zusammenstoß seine deutlichste (und unmittelbar politische) Form an. Burke und dann de Bonald stellen schonungslos folgende Alternative: Entweder das Individuum oder das, was es überschreitet. Gleichzeitig ändert sich der Status der Totalitäten, d. h. der Institutionen: Entweder werden sie durch das Subjekt geschaffen, das sie dann natürlich auch umstürzen kann, oder aber sie sind Ursache ihrer selbst und Träger von Determinationen, die sich im Laufe der Zeit entwickelt haben, d. h. vom individuellen Verstand allein nicht beurteilt werden können. Wenn diese Trennung erst einmal vollzogen ist (und tatsächlich fallen darunter ganz mühelos zahlreiche Problematiken), was wird dann aus Spinoza? Ob man ihn dabei beleidigt oder nicht, man wird in der Regel versuchen, seine Thesen abzuschwächen, um ihn einer der geläufigen Strömungen anzunähern: Entweder, indem man ganz einfach sein System entstellt, oder aber viel subtiler, indem man seine Differenzen gegenüber einem der Modelle als bloße Inkonsequenz abtut. Wird das Andere erst einmal als Zeichen der Rationalität begriffen, erscheinen die Abstände zu ihm als ebensoviele Abweichungen. Die Interpretationen des Spinozismus werden also innerhalb fest umrissener *Grenzen der Verschiebung* bleiben: Es sind Grenzen, die dem Universum Spinozas die Frontlinien der abgeschlossenen Diskussion zwischen den Verfechtern des Individuums und den Verfechtern der Totalität aufzwingen werden.

1. Der erste Versuch besteht darin, Spinoza zu „kartesianisieren" oder zu „kantianisieren". Ein ganzer Zweig der französischen Philosophie versucht, ihn als schlichten Nachfolger Descartes zu präsentieren. Dazu stützt man sich auf die frühen Schriften und unterstreicht die Lobreden Spinozas auf Descartes (schaut man genauer hin, bemerkt man freilich, daß sie sich fast nur auf die Bedeutung beziehen, die Descartes der Mathematik einräumt; aber daneben stehen die heftigen Angriffe auf den freien Willen); vor allem aber läßt man den tiefen Unterschied zwischen ihren beiden Kritiken an der Finalität außer acht. Zahlreiche, aus ihrem Kontext gerissene Formulierungen der „*Ethik*" werden folglich einen kartesianischen Beiklang bekommen. Man hat außerdem häufig versucht, die Beziehung zwischen der Substanz und ihren Attributen als Beziehung zwischen

dem, was ein Ding „an sich" ist, und dem, als was es im menschlichen Geist erscheint, zu interpretieren: Die Attribute werden dann zu *Gesichtspunkten* der Substanz, die „*Ethik*" ist folglich die Darstellung einer Philosophie des Subjekts. Eine solche (von Hegel eingeleitete und von den Kommentatoren gegen Ende des 19. Jahrhunderts wiederaufgegriffene) Interpretation stützt sich auf falsch ausgelegte Texte Spinozas (die 4. Definition des 1. Buches versteht unter dem Attribut das, „*was der Verstand an der Substanz als deren Wesenheit ausmachend wahrnimmt*", aber bei Spinoza ist der Verstand keine Form im Kantischen Sinne, sondern — als das Gegenteil des Vorstellungsvermögens — die Instanz des Wahren[60]); aber ihre Kraft verdankt diese Interpretation vor allem der damit gegebenen Möglichkeit, die „*Ethik*" in jenes große Lager einzureihen, das sie bekämpft: in den subjektiven Idealismus.

Eine andere, von diesem Vorgehen scheinbar entfernte, ihm jedoch in Wirklichkeit sehr nahestehende Variante ist diejenige der Materialisten des 18. Jahrhunderts, die im Wechselspiel von natura naturans und natura naturata den ersten Begriff tendenziell beseitigen. Weil sie aus Spinoza einen Atheisten machen wollen? Vielleicht, vielleicht aber auch, weil die natura naturans, da sie logisch den Modi vorausgeht, deren Abhängigkeit beweist. Läßt man sie verschwinden, stellt man den spinozistischen Diskurs wieder in die Perspektive des *konkreten Subjekts,* dem gemeinsamen Feld des Sensualismus und des Materialismus des klassischen Zeitalters. Infolgedessen wird der Parallelismus als ein Determinismus begriffen (der Körper beherrscht den Geist: auch dafür lassen sich Texte heranziehen).

Die Einheit dieser beiden Lektüren ist die Einheit von klassischem Idealismus und „seinem"Materialismus: die Tendenz, die Welt vom Subjekt her zu denken. Das Individuum ist der *Ursprung*: der Erkenntnis (entweder durch die Sinne oder durch den Verstand), des Staats und der Zivilisation. Ob diese *juristische* Macht, Ursprung zu sein, durch den Willen (kartesianische Strömung) oder durch seinen „materialistischen" Einsatz — die Sprache als Macht der Zeichen (Hobbes, Helvetius) — hervortritt: jene Konzeption kann insoweit kohärent bleiben, als sie die Radikalität des Menschen durch eine zugleich einfache und ursprüngliche Differenz begründet, die diesem die Möglichkeit gibt, Rechtssubjekt zu sein. Bei Spinoza dagegen wird das Verhältnis des Menschen zum Menschen konstruiert; und zwar auf dem Boden einer gemeinsamen Komplexität und nicht aufgrund einer ursprünglichen Simplizität. Diese Komplexität ist selbst eine der Anwendungsformen der natürlichen Notwendigkeit: sie kann folglich keinen Bruch einführen. Der beste Beweis dafür ist zweifellos die *antijuristische* Konzeption des Naturrechts, wie sie im 4. Buch der „*Ethik*" entwickelt wird.

2. Diesen individualistischen Lektüren stehen diejenigen gegenüber, die das Gewicht der Totalität innerhalb des spinozistischen Textes zeigen. Sie glauben jedoch, dies nur tun zu können, indem sie deren Verbindung mit den endlichen Modi ignorieren oder verdrängen. Die geläufigste dieser Lektüren läßt sich am besten in der Anklage des „Pantheismus" zusammenfassen: Die Individuen sind unmittelbar in Gott aufgehoben, Determinationen und Widersprüche des Realen haben keine Bedeutung (Bayle wird sagen: „Der in Armenier modifizierte Gott hat den in zehntausend Türken modifizierten Gott getötet"). Auf die gleiche Haltung lassen sich die Lektüren von Hegel und Schelling beziehen, die Spinoza Mechanizismus und Trägheit seiner Totalität vorwerfen. Spinoza zu beurteilen, indem man ihm die Abwesenheit des *Lebens* in seinem System vorwirft, bedeutet aber eben, ihn an einem anderen Begriff von Totalität zu messen, die als höherstehend und normativ vorausgesetzt wird: dem transparenten System der ex-

pressiven Totalität. Schelling erklärt, daß die Argumente Spinozas deterministischer Natur sind: „Daher die Leblosigkeit seines Systems, die Gemüthlosigkeit der Form, die Dürftigkeit der Begriffe und Ausdrücke, das unerbittliche Herbe der Bestimmungen, das sich mit der abstrakten Betrachtungsweise vortrefflich verträgt; daher auch ganz folgerichtig seine mechanische Naturansicht. (...) Wenn die Lehre vom Begriffenseyn aller Dinge in Gott der Grund des ganzen Systems ist, so muß sie zum wenigsten erst belebt und der Abstraktion entrissen werden, ehe sie zum Princip eines Vernunftsystems werden kann" („Philosophische Untersuchungen über die Natur der menschlichen Freiheit"). Und Hegel schreibt: „Die starre Substantialität ist das Letzte bei Spinoza, nicht die unendliche Form; diese kannte er nicht" („Vorlesungen über die Geschichte der Philosophie"). Die Beharrlichkeit des Vorwurfs zielt eigentlich nicht auf eine unterstellte Abwesenheit der Bewegung und des Übergangs, sondern auf die Form, die diese annehmen: Das mathematische Modell und die Lehre von der Wirkungskraft machen aus der Beziehung zwischen der Totalität und den Modi eine geregelte und determinierte Beziehung: eine gegliederte Verschiedenheit.

3. Als Lenin von den „Kreisen" in der Philosophie sprach, konfrontierte er Descartes mit Gassendi und Spinoza („Zur Frage der Dialektik") — sollte uns dies verwundern? Lenin sieht die Geschichte der Philosophie auf eine Art, die der Spinozas sehr ähnlich ist: als Widerspruch zweier Tendenzen, der in jeder Epoche in verschiedenen Formen neu entsteht. Daß auch die marxistische Lektüre Spinozas eine Auswahl impliziert, ist sicher. Aber was Marx und Lenin bei Spinoza finden können, ist z. B. — außer der gegliederten Verschiedenheit, von der wir eben gesprochen haben — eine materialistische Theorie der Ideologie: unter diesem Gesichtspunkt ist die spinozistische Kritik der Illusion sehr viel

127

weitreichender als die Kritik des 18. Jahrhunderts. Gewiß, die Illusion wird in einer unveränderbaren menschlichen Natur verankert — aber um diesen Preis werden Gesetze formuliert. Deshalb wollen wir, ohne Paradox, schließen, indem wir, anstatt das im „Kapital" tausendfach wiederholte Zitat zu kommentieren („Omnis determinatio est negatio"), ein Urteil zitieren, das Marx nicht über Spinoza, sondern über die Physiokraten fällt; es bestätigt eine Form der Abgrenzung, die beiden gemeinsam ist: Was über sie gesagt wird, gilt auch für Spinoza: „Für sie erscheinen notwendig die bürgerlichen Formen der Produktion als die Naturformen derselben. Es war ihr großes Verdienst, daß sie diese Formen als physiologische Formen der Gesellschaft auffaßten: als aus der Naturnotwendigkeit der Produktion selbst hervorgehende Formen, die von Willen, Politik usw. unabhängig sind. Es sind materielle Gesetze; der Fehler nur, daß das materielle Gesetz einer bestimmten historischen Gesellschaftsstufe als abstraktes, alle Gesellschaftsformen gleichmäßig beherrschendes Gesetz aufgefaßt wird" („Theorien über den Mehrwert", MEW 26,1; Zweites Kapitel, 1).

Anmerkungen

1. J. Colerus: Kurze, aber wahrhaftige Lebensbeschreibung von Benedictus de Spinoza. In: C. Gebhardt (Hrsg.): *Spinoza, Lebensbeschreibungen und Gespräche*, Hamburg 1977, S. 65.
2. Brief von Albert Burgh an Spinoza (11. 9. 1675).
3. *Correspondance de Dortous de Mairan et Malebranche. Ed. Vrin.* S. 102 f. und 105 f.
4. Brief von Spinoza an Jarig Jelles (2. 6. 1674).
5. Brief von Schuller an Spinoza (14. 11. 1675).
6. Brief von Spinoza an Schuller (18. 11. 1675).
7. Brief von Spinoza an Albert Burgh.
8. Descartes: *Meditationen*, I.
9. A. a. O.
10. Spinoza, *Ethik*, I. Teil. Anhang.
    (Wir zitieren nach : Baruch de Spinoza: *Die Ethik, nach geometrischer Methode dargestellt.* Übersetzung, Anmerkungen und Register von O. Baensch. Hamburg 1976. A.d.Ü.).
11. A. a. O., II. Teil, Lehrsatz 35, Anmerkung.
12. A. a. O., II. Teil, Lehrsatz 3, Anmerkung.
13. Descartes: *Die Prinzipien der Philosophie*, Erster Teil, 37 und 39.
14. Descartes: *Meditationen*, IV.
15. Descartes: Brief an Mersenne vom 15. 4. 1630.
16. Descartes: *Die Prinzipien der Philosophie*, Erster Teil, 37.
17. Spinoza: Ethik, III. Teil, Vorwort.
18. Descartes: Brief an P. Mesland vom 9. 11. 1645.
19. Spinoza: Ethik, V. Teil, Lehrsatz 42.
20. A. a. O., I. Teil, Anhang.
21. Spinoza: *Abhandlung vom Staate*, Erstes Kapitel, § 1 und 4.
22. Brief von Spinoza an Tschirnhaus (15.7.1676).
23. Spinoza: *Ethik*, I. Teil, Anhang.
24. A. a. O., I. Teil, Lehrsatz 8, Anmerkung 2.
25. A. a. O., I. Teil, Lehrsatz 15, Anmerkung.
26. A. a. O., I. Teil, Lehrsatz 17, Anmerkung.
27. L. Feuerbach: *Das Wesen des Christentums (1841)*, Frankfurt 1976, S. 19.
28. A.a.O., S. 410. Nota bene: Zu dieser Frage vgl. die Einleitung von Pierre Osier zu seiner Übersetzung von "Das Wesen des Christentums", Paris 1968, S. 7–78
29. Spinoza: *Ethik*, I. Teil, Anhang.
30. A. a. O.
31. A. a. O., I. Teil, Lehrsätze 14 und 15.
31. Spinoza: *Kurze Abhandlung von Gott, dem Menschen und seinem Glück*, Hamburg 1965, S. 32 ff.
33. Zur Frage der Immanenz und ihrem Verhältnis zur Emanation vgl. G. Deleuze: *Spinoza et le problème de l'expression*. Paris 1968, bes. Kapitel IX.

34. Spinoza: *Ethik*, I. Teil, Definition 3.
    Descartes: *Die Prinzipien der Philosophie*. Erster Teil, 51.
35. Spinoza: *Ethik*, I. Teil, Lehrsatz 16, Beweis.
36. Spinoza: *Metaphysische Betrachtungen*, 2. Teil, 7. Kapitel.
37. Brief von Spinoza an Tschirnhaus (17. 7. 1676).
38. Spinoza: *Ethik*, II. Teil, Lehrsatz 40, Anmerkung 1.
39. A. a. O., II. Teil, Lehrsatz 48, Anmerkung.
40. Spinoza: *Kurze Abhandlung von Gott, dem Menschen und seinem Glück*. A. a. O., S. 94.
41. Spinoza: *Ethik*, II. Teil, Lehrsatz 49, Beweis.
42. A. a. O., II. Teil, Lehrsatz 35. Beweis.
43. A. a. O., II. Teil, Lehrsatz 35, Anmerkung.
44. A. a. O., II. Teil, Lehrsatz 16.
45. Descartes: *Über die Leidenschaften der Seele*. Erster Teil. Artikel 45 und 50.
46. Spinoza: *Ethik*, V. Teil, Vorrede.
47. A. a. O., III. Teil, Definition der Affekte, Definition I. und Erläuterung.
48. A. a. O., III. Teil, Lehrsatz 9, Anmerkung.
49. A. a. O., III. Teil, Lehrsatz 2, Anmerkung.
50. S. Freud: Die Zukunft einer Illusion. In: S. Freud: *Studienausgabe*, Bd. IX, S. 164 f.
51. Spinoza: *Ethik*, I. Teil, Anhang.
52. A. a. O., IV. Teil, Lehrsatz 4 und Folgesatz.
53. Brief von Oldenburg an Spinoza (14. 1. 1676).
54. Brief von Spinoza an Oldenburg (7. 2. 1676).
55. Spinoza, *Ethik*, IV. Teil, Lehrsatz 18, Anmerkung.
56. Th. Hobbes: *Leviathan*, Zweiter Teil, Kap. XVII.
57. Spinoza: *Ethik*, IV. Teil, Lehrsatz 18, Namerkung.
58. A. a. O., IV. Teil, Lehrsatz 37, Anmerkung 2.
59. G. W. Leibniz: *Monadologie*, Paragraphen 56 und 57.
60. Vgl. M. Guéroult, *Spinoza*, Bd. 1, Paris 1968, Anhang 3.

Bibliographie

Die Werke Spinozas

Kurze Abhandlung von Gott, dem Menschen und seinem Glück.
Ein Text, der aus Darlegungen Spinozas vor einem kleinen Freundeskreis zwischen 1651 und 1660 hervorgegangen ist. Er ist eine mehr oder weniger genaue Mitschrift eines Zuhörers, über die wir nur in einer holländischen Version verfügen. Sucht man das Denken des jungen Spinoza in diesem Text, muß man also sehr behutsam vorgehen.

Abhandlung über die Verbesserung des Verstandes, 1661.
Ein unvollendeter Text. Eine Einführung in die Philosophie, d. h. in die Suche nach ,,einem wahrhaftigen Gut", an dem ,,sich Theil nehmen lasse", was beinhaltet, ,,den Verstand zu heilen und ihn (. . .) zu reinigen". Entscheidend dafür: ,,Daraus kann schon jeder sehen, dass ich alle Wissenschaften auf einen Zweck und ein Ziel hinleiten will, nämlich damit man zu der höchsten menschlichen Vollkommenheit (. . .) gelange."

Die Prinzipien der Philosophie von Descartes. In geometrischer Weise demonstriert, gefolgt von den *Metaphysischen Betrachtungen,* 1663. Eine für einen Schüler Spinozas, Casearius, geschriebene Abhandlung. Auch hier ist Vorsicht bei der Lektüre angezeigt: ,,Daher möge niemand glauben, daß er hier das Seinige lehre oder nur das, was er selbst billigt; denn, obgleich er Manches für richtig hält und noch Manches eigen hinzugefügt zu haben gesteht, findet sich doch Vieles, was er als falsch verwirft, und wovon er eine durchaus abweichende Ansicht hegt" (Vorwort von L. Meyer). Und vor allem: ,,Den Casearius brauchen Sie nicht zu beneiden, denn es gibt niemanden, der mir unangenehmer ist und vor dem ich mich mehr in acht zu nehmen habe als ihn. Darum möchte ich Sie und alle Bekannten ersuchen, ihm meine Gedanken nicht eher mitzuteilen, als bis er zu reiferen Jahren gekommen ist" (Brief an S. de Vries aus dem Jahre 1663).

Die Ethik, nach geometrischer Methode dargestellt, 1661–1675. Spinozas Hauptwerk, das er nur seinen engsten Freunden zugänglich macht. Er denkt erst gegen 1675 an eine Veröffentlichung, verzichtet jedoch aus Sicherheitsgründen darauf (,,Die Sache scheint aber von Tag zu Tag eine schlimmere Wendung zu nehmen").

Theologisch-politischer Traktat, 1670. Eine Apologie der Toleranz: Sie muß an zwei Fronten kämpfen, denn sie bekämpft eine Mischung aus Aberglaube und politischem Vorurteil. Dieser Traktat ist eines der beiden von Spinoza zu seinen Lebzeiten veröffentlichten Werke. Läßt sich sein Denken darin auf direktere Art als in den ,,Prinzipien der Philosophie von Descartes" entdecken? Wahrscheinlich nicht: Es handelt sich darum, eine gemeinsame Sprache mit den liberaleren Christen zu finden, und nicht darum, sie zur vollständigen Wahrheit zu führen.

Abhandlung vom Staate, 1675–1677. Ein unvollendeter, durch den Tod Spinozas unterbrochener Text.

,,Briefwechsel". 88 Briefe von und an Spinoza aus den Jahren zwischen 1661 und 1676. Einige von ihnen sind für das Verständnis der ,,Ethik" äußerst wichtig (besonders der Brief an L. Meyer vom 20. 4. 1663 über die Zeit, der Brief an H. Şchuller vom 29. 7. 1675 über die unendlichen Modi).

Abriß der hebräischen Grammatik. Unvollendet.

Über die Wahrscheinlichkeitsrechnung. Über den Regenbogen.
Der Zeitpunkt der Entstehung dieser beiden in Holländisch verfaßten Texte zu unbekannt.

Noch im Todesjahr Spinozas erscheinen die meisten seiner fertigen oder unvollendeten Schriften, einschließlich des nahezu vollständigen Briefwechsels. Es fehlt die „*Kurze Abhandlung*", die erst im 19. Jahrhundert veröffentlicht werden wird. Für die deutsche Ausgabe der Werke Spinozas verweisen wir auf die 1977/1978 erscheinenden „*Sämtlichen Werke in sieben Bänden*" des Meiner Verlags, Hamburg.

Über Spinoza

Um dem Leser eine weitergehende Orientierung zu ermöglichen, haben wir eine kurze *Auswahlbibliographie* zusammengestellt. Ausführlichere und nach Problembereichen gegliederte Angaben finden sich bei:

Préposiet, Jean: *Bibliographie spinoziste*, Paris 1973.

Walther, Manfred: Bibliographie. In: *Spinoza — Lebensbeschreibungen und Gespräche*, 2. Aufl., Hamburg 1977, S. 148—171.

***

Althusser, Louis: *Elemente der Selbstkritik*, Westberlin 1975.

Altwicker, Norbert (Hrsg.): *Texte zur Geschichte des Spinozismus*, Darmstadt 1971.

Deleuze, Gilles: *Spinoza et le problème de l'expression*, Paris 1968.

Desanti, Jean Toussaint: *Introduction à l'histoire de la philosophie*, Paris 1956.

Freudenthal, Jacob: *Spinoza. Leben und Lehre,* Heidelberg 1927.

Gueroult, Martial: *Spinoza,* I: Dieu, II: L'Ame, Paris/ Hildesheim/New York 1968—1974.

Mathéron, Alexandre: *Individue et communauté chez Spinoza,* Paris 1969.

Schaub, Marianne: Spinoza oder eine galileische politische Philosophie. In: F. Châtelet (Hrsg.): *Geschichte der Philosophie,* Band III, Frankfurt/Berlin/Wien 1974, S. 150—181.

Seidel, Helmut: Identität von Philosophie und Ethik. Bemerkungen zu Spinozas philosophischem Hauptwerk. In: *Ethik,* Frankfurt am Main 1972, S. 5—19.

Thalheimer, A./M.A. Deborin: *Spinozas Stellung in der Vorgeschichte des Dialektischen Materialismus,* Berlin 1928.

Vries, Theun de: Spinoza als politischer Denker, in: *Deutsche Zeitschrift für Philosophie,* 12. Jg., 1964, S. 1312—1327.

(Ders.): *Baruch de Spinoza in Selbstzeugnissen und Bilddokumenten,* Reinbek b. Hamburg 1970.

***

Als spinozistisches Diskussionsforum erscheint die Zeitschrift: *Cahiers Spinoza,* hrsg. von Albert Jgoin, André Lécrivain, Alexandre Mathéron, Pierre-François Moreau und Monique Schneider (Edition Répleque, 9, rue Dupont-des-Loges, 75007 Paris); 1. Jahrgang: 1977.

POSITIONEN

Herausgegeben
von Peter Schöttler

Shingo Shibata

Revolution in der Philosophie

Der praktische Materialismus und seine Aufhebung
176 Seiten; Paperback; DM 13,80